上海黄金交易所博士后工作站文库

新型国际分工、
契约环境与价值链升级

郑乐凯　著

中国金融出版社

责任编辑：黄海清
责任校对：潘　洁
责任印制：张也男

图书在版编目（CIP）数据

新型国际分工、契约环境与价值链升级/郑乐凯著．—北京：中国
金融出版社，2020.9
ISBN 978 − 7 − 5220 − 0670 − 3

Ⅰ.①新…　Ⅱ.①郑…　Ⅲ.①对外贸易—贸易发展—研究—中国
Ⅳ.①F752

中国版本图书馆 CIP 数据核字（2020）第 117202 号

新型国际分工、契约环境与价值链升级
XINXING GUOJI FENGONG，QIYUE HUANJING YU JIAZHILIAN SHENGJI

出版
发行　**中国金融出版社**

社址　北京市丰台区益泽路 2 号
市场开发部　（010）66024766，63805472，63439533（传真）
网 上 书 店　http://www.chinafph.com
　　　　　　　（010）66024766，63372837（传真）
读者服务部　（010）66070833，62568380
邮编　100071
经销　新华书店
印刷　北京市松源印刷有限公司
尺寸　169 毫米×239 毫米
印张　11.75
字数　160 千
版次　2020 年 9 月第 1 版
印次　2020 年 9 月第 1 次印刷
定价　48.00 元
ISBN 978 − 7 − 5220 − 0670 − 3
如出现印装错误本社负责调换　联系电话（010）63263947

总序

　　自 1978 年改革开放至今，中国经济呈现接近两位数的较高年均增幅，创造了中国发展奇迹。不过近年来，我国经济形势转变明显。虽然 2010 年国内生产总值（GDP）依然保持 10.6% 的增速，但 2011 年以来，我国经济增长速度逐渐下滑，经济下行压力明显。党的十九大作出了"我国经济已由高速增长阶段转向高质量发展阶段"的重要论断。目前，我国经济正处在转变发展方式、优化经济结构、转换增长动力的攻关期。在国内外经济形势错综复杂的关键时刻，我国经济发展正面临百年未有之大变局。

　　金融作为现代经济的核心，是连接各经济部门的重要纽带。改革开放以来，我国金融业发展取得显著成效。特别是党的十八大以来，我国有序完善金融服务、防范金融风险、保障金融安全、深化金融改革、加强金融开放与合作，金融产品日益丰富，金融服务普惠性增强，金融监管得到加强和改进。伴随着我国金融改革开放进程的不断推进，金融业经营效率逐渐改善，社会经济发展对金融业的需求日益提升，金融业在国民经济中的地位显著增强。然而，随着我国经济转向高质量发展阶段，金融业的市场结构、经营理念、创新能力、服务水平等还不适应经济高质量发展的要求，诸多矛盾和问题仍然突出。

习近平总书记高度重视经济金融工作，多次发表重要讲话谈话，对经济金融工作指示批示。在主持十九届中共中央政治局第十三次集体学习时，习近平总书记指出"经济是肌体，金融是血脉，两者共生共荣"。"血脉"与"肌体"的类比揭示了金融服务实体经济的深刻内涵，"共生共荣"的关系界定彰显两者是互相依存的有机整体，这是对金融在国民经济中重要地位的新论述。目前，我国正处在深化金融供给侧结构性改革的重要时期。党的十九届四中全会提出了"健全具有高度适应性、竞争力、普惠性的现代金融体系"的宏伟目标，这是党中央针对金融业提出的重要治理方针。在此背景下，应当秉持服务实体经济高质量发展的宗旨，扎实推进并做好各项金融工作。

完善要素市场化配置是建设统一开放、竞争有序市场体系的内在要求，是坚持和完善社会主义基本经济制度、加快完善社会主义市场经济体制的重要内容。黄金市场是金融要素市场的重要组成部分。大力推动黄金市场发展，有利于完善我国金融市场体系，深化金融市场功能，这对于增强金融服务实体经济能力也会发挥重要作用。2002 年 10 月，经国务院批准、由中国人民银行组建，上海黄金交易所（以下简称上金所）正式运行。上金所的成立实现了中国黄金生产、消费、流通体制的市场化，开启了中国黄金市场化的历史进程，是中国黄金市场开放的重要标志。

成立 18 年来，上金所顺应中国经济崛起和金融改革开放大势，坚持服务实体经济和金融市场发展的原则，抢抓机遇，克难奋进，推动中国黄金市场实现了从无到有、从小到大、从弱到强的跨越式发展。近年来，上金所先后启动国际板、推出全球首个以人民币计价的黄金基准价格"上海金"，并挂牌"上海银"集中定价合约，努力服务实体经济，积极助力人民币国际化，已逐步成为中国黄金市场的枢纽以及全球重要的黄金、白银、铂金交易中心。目前，上金所主要业务包括：一是交易服务。中国已逐步形成了以上金所集中统一的一级市场为核心，竞争有序的二级市场为主体，多元的衍生品市场为支撑的多层次、全功能黄金市场体系，涵盖竞价、定价、询价、报价、金币、租借、黄金 ETF 等市场板块。二是清算服务。上金所实行"集中、净额、分级"的结算原则，目前主板业务共有指定保证金存管银行 18 家，国际板业务共有指定保证金存管银行 9 家。三是交割储运服务。上金所实物交割便捷，在全国 36 个城市使用 67 家指定仓库，满足了国内包括金融、生产、加工、批发、进出口贸易等在内的各类黄金产业链企业的出入库需求。截至 2019 年底，上金所会员总数达 270 家，交易量已连续 13 年位居全球黄金现货场内交易所之首，对全球黄金市场格局产生深远影响。

百舸争流，千帆竞发。上金所在历史的新征程中提出了建设国际一流的综合性黄金交易所。在未来国际化过程中，上金所作为全国黄金市场的核心枢纽，将继续把握主动，统筹好市场化、国际化两个发展大局，实现黄金市场由商品交易为主向商品交易和金融交易并重转变，由现货交易为主向现货与衍生品双功能为主转变，由国内市场为主向国内市场和国际市场共同发展转变；打造上海金和百姓金"两金"品牌，营造一流的企业文化，构建各类市场主体深度参与、开放水平不断提高、要素有序流动、资源高效配置、具有活力和竞争力的市场体系，实现业务国际化和交易全球化，推动黄金市场创新、开放、共享和平衡健康发展。

为了更好地服务黄金产业及国家的经济金融发展大局，为中国金融市场的改革开放、人民币国际化深入推进和"一带一路"倡议等贡献力量，上金所与复旦大学根据全国博士后管委会《博士后管理工作规定》于 2016 年协商设立上海黄金交易所博士后科研工作站，延揽有志之士对上金所发展中面临的重大问题开展战略性、前瞻性研究，也为中国黄金市场进一步发展培养、储备高级人才。工作站依托复旦大学博士后科研流动站丰富多样的理论研究资源，立足上金所市场实践，为博士后研究人员提供全面了解中国金融市场、深刻理解中国黄金市场以及深入研究黄金市场前沿问题的机会。

为了展示和分享在站博士后的科研成果，我们推出《上海黄金交易所博士后工作站文库》丛书，编辑出版上海黄金交易所博士后的学术专著，涉及各金融要素市场如证券、期货、外汇、贵金属以及法律、计算机、信息工程等专业领域。本套丛书涵盖金融市场基础设施建设、金融机构公司治理、金融科技（FinTech）与金融市场发展、金融创新与投资者保护、人民币国际化与中国黄金市场发展、黄金定价机制问题、黄金市场风险管理、黄金市场法制体系建设等重大研究课题，旨在为黄金市场、金融市场的研究者和工作者提供交流平台，以阐发观点、启迪思想、开拓创新，为我国黄金市场、金融市场的建设提供有益的理论借鉴。

我们期待丛书的陆续出版能够引起社会各界的广泛关注，对我国黄金市场和金融市场的发展起到推动和促进作用。丛书的编写工作难免存在不足之处，还望海内外同仁同行批评指正，不胜感激之至。

2020 年 9 月

前言

　　改革开放以来，中国依托自身在劳动力、土地以及能源等生产要素方面的成本优势，大力发展加工贸易。因此，对外贸易发展迅速，贸易规模快速扩张，出口商品结构不断优化，在一定程度上实现了出口升级，国际分工地位也得到了提升。不过总体而言，中国产业依旧处于价值链的中低端。参与价值链的产业多数属于低技术、低附加值的粗放型劳动密集型行业，背后的原因在于，对外开放初期，中国采取低端嵌入的方式参与全球价值链分工，总体水平处于"微笑曲线"的中下位置。虽然凭借"两头在外，大进大出"的加工贸易，使中国产业尤其是制造业的国际化程度在较短的时间内有所提高，但中国企业仅仅获取微薄的加工组装费用，实际贸易利得并不高。近年来，伴随着中国劳动力方面成本的急剧上升，人口红利逐渐消失，过去以低廉劳动力成本优势的"血拼式"发展模式显然不可持续。同时，更多发展中国家也在以低端嵌入的方式参与价值链分工，国际竞争环境日趋激烈。另外，2008 年国际金融危机以来，逆全球化背景的贸易保护主义展现抬头趋势，这股思潮将深刻影响全球经济格局，并对中国的实体经济转型升级造成重大影响。面对内外诸多不利的经济环境，中国如何进一步实现对外贸易方式转型，破除本土企业被锁定固化在低附加值和被边缘化的潜在危机，向价值链高端攀升，谋求中国在全球分工体系中的新定位成为本书研究的重点内容。那么影响国家和企业向价值链高端攀升的因素是什么？本书认为，在当前全球价值链国际分工模式下，各国的比较优势更多地体现在价值链某一生产环节和工序上，因而制度质量可能成为影响价值链攀升的重要决定因素。

首先，本书基于产品内国际分工的客观背景出发，采用 Wang et al.（2017）提出的生产分解模型，计算了包括中国在内的世界主要经济体参与全球价值链分工程度，并进行了跨国动态比较。在考虑不同产业融入价值链的情况有所差异的情况下，对中国整体以及包括制造业和服务业在内的 56 个产业部门参与国际分工情况进行了更为深度的剖析。整体来看，无论是前向分解还是后向分解的视角，全球各国价值链参与程度均呈现平稳上升的趋势。说明世界经济往来更加密切，全球价值链国际分工体系日渐成熟，这都无形地将世界各经济体捏合在一起，各国之间经济也相互依赖。对于中国产业而言，不管是国家层面还是细分产业层面，它们的全球价值链参与程度也都呈现出较为平稳的上升趋势。

其次，本书再通过构建模型发现，参与国际分工对价值链的提升受到契约环境的影响，即只有在契约环境好的国家与地区，企业才能更好地签订合约，顺利开展分工合作，实现技术升级，提高价值链地位，从全球价值链国际分工中获利。在全球价值链新型国际分工大背景下，企业选择跨区域的分工合作，完成产品的生产工序，该过程显然受到双方契约制度环境的影响。所以，契约环境的优劣程度直接影响产品（尤其是合约密集度强的产品）的生产能否顺利进行。

最后，在上述理论基础之上，本书建立相应的计量模型，并借鉴 Nunn（2007）、李坤望和王永进（2010）和余淼杰等（2016）学者的研究方法，在计量模型中引入参与全球价值链分工程度和契约环境的交互项，以此检验国际分工对价值链提升的作用机制是否受到契约环境的影响。同时，本书解释了计量模型所运用的主要指标的选取、计算过程以及数据来源。最后基于跨国面板数据和中国微观企业数据进行计量检验，并重点探究了参与国际分工程度、契约环境对价值链提升的影响。在研究方法上，本书主要采用了普通最小二乘法和动态 GMM 方法对基本模型进行计量估计，并运用不同的契约环境数据作进一步的稳健性检验。通过探讨内在作用机制发现，国际分工程度、契约环境通过影响国家或企业的全要素生产率的渠道，影响着价值链提升。另外，针对中国微观企业还从企业所有制类型、贸易类型以及资产专用性的行业特征等角度对样本进行了更为深入的扩展分析。研究发现，参与国际分工对价值链提升具有正向促进作用，而且在契约环境越好的国家和地区，参与国际分工对该地区的价值链提升作用越发明显。

本书研究结论发现，不管是宏观层面的国家还是微观层面的企业，积极参与国际分工和契约环境的改进，都能够提升自身的国际竞争力，实现向价值链中高端攀升的目标。1978 年以来，中国实施改革开放政策四十余年，对本国自身经济发展以及对世界整体经济的贡献不言而喻。一言以蔽之：改革，就是将计划经济转变为社会主义市场经济；开放，则是积极主动地融入全球化，在扩大开放中实现发展。在未来一段时间内，我们还应坚持实施对外开放的基本国策毫不动摇。但是从长期发展来看，中国在 2012 年首次出现劳动力人口下降，人口红利正逐渐消失，因此，我们在坚持对外开放的同时，还应推进制度改革，努力改善营商环境，完善知识产权保护制度，将过去的人口红利向制度红利转变。使制度作为国际分工贸易往来中比较优势的重要来源之一，通过具体的改革措施，提高政府的行政效率，完善法律法规，逐步废除不利于经济与对外贸易的规章制度，努力做到对内改革与对外开放，使内外两者协同发展。从而提高生产要素供给和生产效率，提高出口产品的质量和技术水平，以此带动中国对外贸易平稳健康地增长。

目　录

图目录

表目录

第一章
导　论

第一节　研究背景

现今，国际分工模式发生了根本性的改变。新型国际分工形式的全球价值链（Global Value Chains，GVC）分工模式的出现，将以往建立在比较优势基础上的分工，从完整的产品层面演化深入产品内部某个具体的生产工序与环节，使分工更加细化。经济合作与发展组织（OECD）（以下简称经合组织）2013年的研究报告指出，通过对三百多家大型跨国公司生产出售活动进行调研发现，这些被访的跨国公司，有近四成的生产组装以及研发活动是在公司所属国之外的其他国家完成的。可见，分工体系已突破传统地域的界限概念，构建出全新的国际分工形式。自第二次世界大战结束之后，随着中间品贸易的快速增长和国际垂直专业化分工的日益细化，全球经济进入了以生产过程分散化和中间品贸易为主要特征的全球价值链时代。全球价值链新型国际分工形式促进全球贸易与经济发展已得到广泛共识。2013年，亚太经济合作组织（APEC）领导人会议上同意了在互联互通的基础上，进一步推进亚太地区全球价值链体系发展与合作。并于次年11月北京APEC领导人非正式会议中，又将全球价值链列入共同宣言，并且同意制定《推动全球价值链发展合作战略蓝图》和《亚太经合组织贸易增加值核算战略框架》。它们也成为世界首批全球价值链倡议性文件。

随着全球价值链国际分工体系的不断深入发展与完善，价值链分工程度不断深化，制成品的生产工序也随之日益细化，生产链条逐渐拉长，世界各国都在以积极的方式融入这一新型分工体系。国际贸易的主要形式也从产业间的最终品贸易，向产业间具体产品的某个生产环节过渡。在价值链分工网络不断深化的过程中，一些国家通过全球产业结构重新布局这一机遇，依托自身在产品链条具体的某个生产阶段、环节方面的比较优势，融入全球生产网络体系，并参与了国际竞争分工合作，逐步实现本国内部产业升级和全球价值链分工地位的提升（Kummritz et al.，2016）。以生产环节专业化为基础的全球价值链国际分工，不仅能够在短期内带动本国就业增长，促进经济发展，而且更为重要的是，在国际分工合作的过程中，参与价值链生产活动的国家和地区，通过国外先进知识技术的溢出效应以及自身学习等，带动本国出口产品质量和技术含量的提升，间接改善价值链地位，逐步实现从价值链低端向高端跨越和攀升。全球价值链的技术溢出效应有利于提高发展中国家的出口产品质量，且外商直接投资和进口产品质量越高，这种溢出效应表现得越明显（Amiti and Konings，2007）。以 20 世纪 60 年代的"亚洲四小龙"为例，它们凭借出口导向型对外政策，积极参与价值链国际分工体系，并借助"三角制造战略"（Triangle Manufacturing Strategy）完成了由加工组装配件到原始设备制造再到自主品牌创造的升级，从而在短时间内实现了经济腾飞（Memedovic and Gereffi，2004）。

但也需要注意的是，因为各国在全球价值链体系所扮演的角色不同，承担的任务和经济发展路径也有所不同。在全球价值链中，发达国家往往扮演着领导者和组织者的角色，其企业大多专注于产品的设计研发、关键零部件生产供应以及品牌创新等高附加值环节。相对而言，处于整个价值链的高端位置，并且获取价值链的绝大部分利益，同时将产品一体化生产中的低技术含量、高耗能的环节（如加工组装等非核心低端生产环节）分离出来，并以外包的形式流转给扮演学习者和跟随者的发展中国家及其企业。因此，发展中国家及其企业处于被动治理的位置，处于整个全球价值链体系的中低端环节。所以，国家与企业在融入国际分工，享受合作带来便利的同时，另外它们也面临着价值链"地位固化"的危险，本国产业升级反而受到阻碍的风险和潜在危机（刘志彪，2009）。所以，发展中国家参与并不断融入全球价值链分工的过程实际是一把"双刃剑"，这些国家在融入全球价值链时会产生多种机制，最终结果如何则取决于各种机制的交互作用的共同结果。例如，参与价值链分工的中国，在过去二十多年贸易结构发生明显的优化，其主要出口产品由服装纺织类向高附加值、高技术的电子仪器及其办公设备转变，参与全球价值链实现了中国企业的产品升级，出口企业的生产效率显著提高（Hanson et al.，2005；吕越等，2017）。但是有些发展中国家却陷入了"捕获式困境"，如位于南亚的巴基斯坦等发展中国家，由于过度依赖特定劳动密集型行业，从而无法突破价值链低端锁定的困境，始终不能实现价值链升级（Lall et al.，2005）。与此同时，我国积极开展对外贸易活动，从当时实际情况出发，大力发展加工贸易，以积极主动的姿态参与全球价值链新型国际分工合作框架。中国的对外贸易规模实现了前所未有的飞速发展，尤其是货物贸易的规模出现爆炸式增长，产生所谓的"中国货物贸易量增长之谜"，一举成为"世界工厂"（吴福象和刘志彪，2009）。据 UN Comtrade 数据显示（见表 1.1），在 21 世纪的初期阶段，中国加入世界贸易组织（WTO）之后，与其他经济体之间贸易往来更加密切，贸易增长较为迅速。不过在 2008 年前后，国际金融危机冲击致使全球经济需求不足，中国出口也未幸免于难，对外贸易规模表现出明显的下降趋势，随后，各国经济逐步走出经济萧条的局面，经济活动的活跃程度有所复苏，对外贸易活动也恢复到原先稳步增长的轨道，中国的对外贸易总规模在 2015 年更是高达 43003 亿美元。

表 1.1　　　　　　　　　　中国历年对外贸易概览　　　　　单位：亿美元

年份	出口规模	进口规模	贸易总规模	贸易差额	年份	出口规模	进口规模	贸易总规模	贸易差额
2000	2492	2250	4743	241	2008	14306	11325	25632	2981
2001	2661	2435	5096	225	2009	12016	10055	22072	1960
2002	3255	2951	6207	304	2010	15777	13960	29737	1817
2003	4382	4127	8509	254	2011	18983	17433	36417	1549
2004	5933	5612	11545	321	2012	20487	18182	38669	2305
2005	7619	6599	14219	1020	2013	22090	19499	41590	2590
2006	9689	7914	17603	1774	2014	23423	19580	43003	3843
2007	12200	9561	21761	2639	2015	22818	16816	39635	6001

数据来源：UN Comtrade 数据库。

对外贸易飞速发展的同时，中国的贸易不平衡也日益凸显。中国海关数据显示：1978 年中国处于货物贸易逆差状态，其逆差总额为 11.4 亿美元；2015 年，中国货物顺差额已高达 3.69 万亿美元。中国如此快速的出口增长速度和出口总量，部分得益于中国积极地融入全球价值链分工体系。但是如此巨大的顺差，已招致欧美发达国家的不满和"指责"，它们认为中国的贸易行为挤占了本国的出口和就业机会，对他国经济带来了负面影响。针对上述现象，已有不少学者指出，在全球价值链新型国际分工的背景下，中间产品贸易往来活动的飞速发展，过去总值贸易作为衡量贸易统计方式具有片面性，无法真实反映一国贸易状况及其贸易利得（张杰等，2013；陈雯和李强，2014）。贸发会的数据显示：国际分工合作生产日益频繁，使全球贸易总规模中近七成是中间品，而最终品占比呈现下降的趋势。可见，全球价值链分工实质是生产分工逐步向增值过程转变。如果细化到具体产品，其价值已经不是由某一个国家或地区所独自占有，而往往是由众多国家或地区共同拥有，可见产品的国家属性被模糊化。显然，目前用于衡量国家进出口规模的传统贸易的统计方法存在缺陷，使以此评判国家贸易利得的结果有不妥（罗长远和张军，2014；Timmer et al.，2014；Nagengast and Stehrer，2016），其结果可能过度扩大或缩小了双边贸易不平衡状况，甚至在极端情况下，可能导致贸易决策的误判和宏观经济政策决策的失误（Daudin et al.，2011）。因此，伴随着国际贸易与国际分工的不断深入以及范围的扩大，以传统贸易统计口径测得的结果已无法直接反映各国获得的贸易利益。所以，在"中国威胁论"大行其道的今天，从全球价值链国际分工的视角出发，探究中国在价值链中的地位尤为重要。它不仅能够澄清国际政治舆论对中国出口贸易的误解，而且能为中国产业及微观企业迈向价值链高端提供正确的认识。

中国在对外开放初期，采取低端嵌入的方式，大力发展加工贸易对外贸易模式，在摸索中探究对外贸易的发展路径（金碚，2012；戴翔和金碚，2014）。仅从出口规模来看，在较短的时间内，对外贸易取得了前所未有的发展，并以此为着力点，拉动中国整体经济，最终中国经济实现了高速增长，本国自主研发并生产的产品在质量和技术方面得到了加强。但是我们也必须清醒地认识到，从出口产品的质量来看，因为中国参与价值链分工的主要方式集中在生产、制造和组装等处于"微笑曲线"底部的环节，即相较于西方发达国家，中国无论是在制造业还是服务业，多数产业国际竞争优势来源于劳动密集型，实际生产的产品和服务的质量不高，服务技术含量占比较低，多数产业处于价值链中低端位置，国际认可度不高，国际竞争力不足，粗放式发展弊端明显（林桂军和何武，2015；苏庆义和高凌云，2015）。中国科学院课题组的核算结果表明，中国2000年和2007年的加工贸易出口的增加值率分别为16.6%和17.4%，出口产品中的附加值含量较低（刘遵义等，2007；Chen et al.，2012）。而且由于从事生产组装等低端环节，消耗了大量自然资源，并产生巨量碳排放，甚至在部分行业中导致严重的环境污染，使中国出口的环境成本远远高于欧美发达国家（张文城和盛斌，2017）。

图1.1给出了1995—2011年不同测算方法测得的中国出口贸易量变化情况。整体而言，中国出口贸易量出现了持续高速增长。但传统以海关统计的制成品出口贸易统计量显然高于以增加值名义核算测得的出口贸易量，并且比较结果发现，两种统计方法测得的结果存在明显的差异。所以，以往传统的方法

严重高估了各国制成品的出口价值。而加工贸易和一般贸易共同构成了中国贸易的二元结构，加工贸易出口产品生产所需的大部分原材料和零部件均来自其他国家和地区，对国内工序和原材料的实际依赖程度不高，该种贸易方式实质上属于低附加值、低技术含量的贸易活动。鉴于此，考虑到在中国整个对外贸易活动具有特殊地位的加工贸易具有"低技术含量、低附加值"的属性，中国出口规模具有很大的"水分"，剔除非本国的价值投入之后，发现属于中国生产要素的价值实际并不高，中国出口规模被过分夸大，中国出口产品的国际竞争力水平也因此可能被乐观估计（郑乐凯和王思语，2017）。

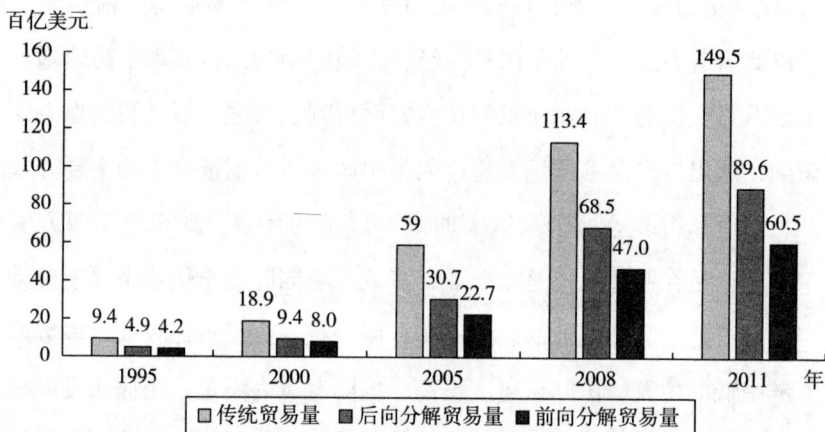

图1.1 不同方法对中国出口贸易量的测算情况

注：作者基于 Tiva 数据库整理测算而得。

参与价值链分工活动，促进产业升级，其升级内涵包括工艺流程升级、产品升级、功能升级和部门间升级四个层次。升级的一般路径是从流程升级到产品升级，再到功能升级，最后到链条升级的渐进过程。已有证据表明，参与全球化分工活动，能够促进我国产业升级，并且参与全球价值链的初期阶段，产业升级作用较为明显，但是随着垂直专业化程度加深，生产环节高端被发达国家价值链锁定（Lock–in），对本土企业的创新活动产生了抑制作用，产业升级反而受到抑制（唐东波，2012；张杰和郑文平，2017）。中国随着如劳动力等生产要素价格的上升，人口红利逐渐消失殆尽。同时越南、墨西哥等世界其他发展中国家，也积极参与全球价值链生产分工体系，致使竞争环境越发激烈。此外，2008 年爆发的国际金融危机导致国外需求不足、贸易保护主义抬头以及全球经济不稳定因素增多，中国对外贸易环境越发恶化。以往中国对外贸易形式，所依靠的一系列低成本优势正逐步消失，过去粗放式的贸易增长弊端日益明显。目前，中国参与全球价值链分工活动正面临着发达国家从高端与发展中国家从低端两头挤压的态势，国际竞争力逐渐消失，竞争环境日益复杂。那么如何进一步提升对外贸易模式，通过贸易往来促进中国内部产业升级是一个亟待解决的问题。

针对上述诸多不利客观因素，商务部牵头，在人民银行、科技部等其他六部委共同协助下，它们于 2016 年 11 月联合撰写并发布了《关于加强国际合作提高我国产业全球价值链地位的指导意见》。该意见的目的在于，抓住经济全球化发展的机遇，促进国际合作，利用"一带一路"等倡议，实现本国产业向全球价值链中高端攀升的目标。

贸易成本的下降和通信物流仓储技术的进步，间接带动了全球价值链体系的建立并不断完善，世界经济总体格局已进入全球价值链时代。已有大量研究表明，积极主动地参与全球价值链生产活动，对本国经济的促进作用远远大于参与全球价值链而带来的负面影响。因此，对于中国和本土企业而言，应该从自身实际条件出发，充分发挥各自在全球价值链生产工序中某个环节的比较优势，努力向全球价值链中高端迈进。参与国际分工不仅是完成本国产业转型和升级的发展道路，而且还是实现中国从过去贸易强国向贸易大国转变的有力手段，同样也是当前理论与实践部门面临的紧急课题（张二震，2017）。那么，在积极融入国际分工并不断向高端提升的过程中，什么因素影响着国家整体以及本土企业向价值链高端攀升？

在国际经济学领域，早有研究指出制度质量是比较优势的重要来源，并用于解释国际贸易活动产生（Antràs and Helpman，2004；Berkowitz et al.，2006；

Nunn and Trefler, 2014)。那么，制度是如何影响一国的经济发展与对外贸易的呢？近年来，制度质量的高低作为比较优势的重要来源，在国际经济研究中的作用越发被重视。Acemoglu et al.（2001）将制度具体量化为指标形式，并实证检验了契约制度质量对一国长期经济增长的影响。契约环境作为衡量制度质量水平的一个重要维度，它对一国出口行为以及经济增长的作用也备受关注（Levchenko，2007；Nunn，2007）。国内学者朱希伟等（2005）、金祥荣等（2008）研究均发现，中国各省之间契约以及知识产权保护制度方面的差异，影响着各地出口贸易行为的发生。一般来说，一国司法契约制度质量较低的话，执法的效率低下，腐败行为容易滋生，贸易成本较高，违约风险偏低，不利于贸易活动的开展。可见，在对外贸易活动中，契约执行效率的高低是最为重要的一个不确定因素之一（Rodrik，2000；Anderson and Marcouiller，2002；刘文革等，2016）。合同双方的违约可能性与当地契约环境的质量之间成反比，即契约实施环境越好的地区，对外贸易活动的风险也就越低，贸易成本也相应较低。反之，契约实施环境越低的地方，贸易成本就越高。所以，优良的法律契约环境对国际贸易有着显著的正效应。尤其对于那些对差异化程度越高、生产工序越复杂以及在合约中无法详细描述的产品，对契约环境的依赖程度也就越高（Berkowitzd et al.，2006；聂辉华，2008；余淼杰等，2016）。一般而言，处于价值链高端的产品，生产工序更加复杂，往往需要更多的定制化投入品（Customized Inputs）作为中间投入进行生产，进而专业化分工程度越高。所以，在整个生产过程中对法制环境的依赖程度也就越高。反之，那些低端产品，专业化程度往往不高，产品生产大多仅仅有赖于要素价格，这类产品的替代性较强，而对制度环境产生的交易成本不是十分敏感。国家或地区的契约制度环境较好，那么违约成本较大，越有利于进行专用性投资（Relationship - Specific Investment）活动，生产出来的产品质量和技术水平越可能较高。因此，在全球价值链生产国际分工条件背景下，法律制度环境质量的优劣程度，不仅对一国（企业）的出口贸易行为具有影响，甚至影响着某些产业在全球价值链中的定位。而且随着信息通信技术飞速发展，贸易行为产生的协调与沟通成本降低，使跨国企业选择全球价值链分工合作的概率得到提升。产品的平均生产交易流程链条也被拉长，生产活动的贸易交易成本和跨国间不确定性风险因素也随之增加。实际上，国家和企业选择是否融入全球价值链分工体系，其中一个重要的因素便是，企业需要从交易成本和利润最大化的角度出发，决定企业的行为决策。当企业的内部交易成本高于企业外部的交易成本，企业将缩小自身的生产边界，在市场中采购生产所需物品。反之，企业将扩大自身的生产边界，由企业内部生产自身所需物品（Coase，1937）。相较于过去国际分工生产模式而言，新型的全球价值链国际分工模式下的生产工序在协调与交易环节变得更为复杂。所以，跨国的不确定性风险和贸易交易成本成为国家和企业是否选择融入全球价值链体系尤为需要考虑的重要关键因素。正如 North（1990）指出的那样：伴随着专业化分工的不断深化，商品的生产工序也变得日益复杂，国家间合作生产越来越频繁，那么就越需要依靠可靠的制度质量用于降低合同契约中的不确定性（Uncertainty）对企业带来的隐形危害。总之，契约环境的重要性显然不言而喻。

中国未来对外贸易乃至整个国民经济的发展，理应由过去的人口红利向制度红利转变（聂辉华和邹肇芸，2013），将制度质量作为国际分工贸易往来中比较优势的重要来源之一，通过具体的改革措施，提高政府的行政效率、完善法律法规，逐步废除不利于经济与对外贸易的规章制度，努力做到对内改革与对外开放，使内外协同发展，提高出口产品的质量和技术水平，以此带动中国对外贸易平稳健康地增长。在不断融入全球价值链的过程中，努力实现向价值链高端地位攀升的目标。

第二节 研究的意义

本书对于全球价值链这一新型国际分工形式与契约环境是如何促进价值链

升级的问题进行研究，具有重要的理论意义和现实意义。

首先，在理论意义方面。亚当·斯密在《国富论》中就通过针工厂的故事指出，随着经济活动中生产主体的经济工序或产品日益复杂化，经济活动中的每个细节都更加细化和专业化。这样做的好处在于，专业分工有助于提高经济效率，社会福利得到了改善。而且经典的分工理论还告诉我们，专业化分工不仅能够提升生产效率，而且还能节约生产成本。不过需要注意的是，生产分工的细化，交易环节也随之增多，从而又会带来交易费用的上升。显然，只有当分工带来的规模经济效应产生的积极作用大于分工造成的交易成本等消极作用时，生产分工的模式才会发生。全球价值链国际分工体系，实质是将过去生产分工链条从一国境内的分工合作，在地理概念中向世界范围内进行了延伸。传统的国际贸易理论分别从绝对比较优势、相对比较优势、要素禀赋以及规模经济等角度，探究国家之间展开国际贸易和分工的基本动力源泉。而信息搜索成本、执行监督与执行交易成本的高低，又受到契约环境等制度方面的影响。本书在全球价值链新型国际分工的背景下，试着探讨契约环境与国际分工影响价值链升级的作用机理。因此，本书首先在国际经济学和制度经济学的分析框架下建立基本的数理分析模型，分别讨论全球价值链融入程度和契约环境是如何影响微观企业行为。再在此基础之上，探究国际分工和契约环境是如何共同作用并影响国家以及微观企业全球价值链提升的。然后，再采用跨国面板以及中国企业微观数据，进一步验证本书提出的基本理论假说。

其次，在现实意义方面。就进出口规模而言，中国已在 2013 年超越美国，成为世界第一贸易大国。但实际上，中国出口规模具有很大的"水分"，剔除其他国家的投入价值，中国实际出口规模并不高，而且以往采用的高耗能低附加值的加工贸易方式，有悖于中国经济增长方式转型发展的目标。在开放经济新格局下，探究我国提高价值链地位的影响路径与机制，逐步调整出口商品结构，向价值链上游攀升，以获取更多的贸易利益的重要性不言而喻。然而包括契约环境在内的制度质量，对国际贸易活动有着深远的影响。并且契约环境的好坏，尤其对于一些所谓"高、新、尖"行业的生产来说，契约等制度因素往往具有决定性的作用。中国在经济全球化进程中所承担的角色和任务发生了质的转变，同时，中国融入价值链的程度不断加深，但整体上还处于国际分工体系的中低端位置。在分享全球化红利的同时，参与国际分工也付出了巨大的资源、环境和能源代价。伴随着近年来中国在劳动力方面成本的急剧上升，人口红利下降，过去以低廉劳动力成本的"血拼式"的发展模式显然不可持续。同时，更多发展中国家诸如越南等也正积极参与价值链分工，国际竞争环境日趋激烈，中国过去以低成本劳动力为主导优势的国际竞争力正逐步消失。而且2008年国际金融危机以来，逆全球化背景下的贸易保护主义抬头，欧美大量制造业回流，这股思潮将深刻影响全球经济格局，势必对中国的实体经济转型升级造成深远的影响。在外部经济环境进入深度调整，国际竞争环境日益激烈，中国内部经济环境进入新常态的背景下，需要我们寻找内部制度改革作为拉动经济继续增长的动力。因此，该项研究不仅对理解中国在全球价值链分工中具体承担的任务、扮演的角色以及分工地位具有重要的意义，而且也是寻求加快中国整体及微观企业向价值链高端提升的关键。

当前的中国经济正处于新旧动能接续转换、经济转型升级的关键时期。毫无疑问，对内改革、对外开放依然是中国经济高质量发展的有效手段。所以，我们要继续以高水平开放的方式，加强国际交流合作，带动本国经济发展；同时，探究对外开放和对内改革的内在联系，为中国经济发展寻求制度改革的动力，为提升中国在价值链国际分工的地位，努力向价值链中高端迈进，发展高水平的开放型经济扫清制度障碍。

第三节 研究的问题

本书无论是从理论层面还是实证检验方面都有大量证据表明，契约环境、司法质量等制度因素也可作为比较优势来源影响着企业出口行为。全球价值链专业化分工，一方面，有利于各国（地区）、各产业发挥自身的要素禀赋优势，将有限资源在全球范围内进行有限配置，降低生产成本，提高经济绩效和生产效率。另一方面，多阶段专业化生产分工细化，必然使得交易费用随之上升。跨国企业在利润最大化和成本最小化双重约束条件下，法律环境质量显然成为企业的组织边界选择中需要考虑的重要因素之一。而且在实际生产活动中，上游供应商的议价能力往往低于下游生产商，供应商面临着被"敲竹杠"（Hold - up）的风险，使供应商蒙受违约所带来的风险，而法律环境较好的国家或地区则能够在一定程度上有效降低违约发生的概率，适度缓解上述道德风险行为的发生，进而保证全球价值链分工合作有效的进行，从而间接提升契约环境较好地区企业的国际竞争力，实现企业在价值链地位的攀升（姚耀军，2016）。另外，生产工序技术的进步以及价值链国际分工的逐步细化，使价值链高端层次的产品在生产过程中对中间投入品的专业性要求也越来越高，即高端化产品在生产过程中需要较多专用性资产。该部分环节的生产往往伴有技术和知识密集型特征，对交易成本的变化较为敏感。所以，这些处于价值链中高端的产品或生产工序在区位选择方面，对市场的开放程度、当地营商环境的优劣、政府的行政效率等契约制度环境有着较为严格的要求。

简单而言，本书研究的问题是，在全球化背景下，以跨国公司主导的全球价值链新型国际分工与契约环境是如何共同作用影响着国家和企业在价值链中的地位。

第四节　研究的结构与框架

在现实背景情况介绍下，并在过去相关文献进行梳理的基础之上，本书尝试性地搭建了全球价值链国际分工、契约环境与价值链升级的理论模型，并提出相应的理论假说。然后再利用计量分析的方法检验上述三者的关系。因此，本书的框架结构如下：

第一章是导论。首先，详细阐述了全球价值链国际分工、契约环境与价值链升级研究的现实背景以及研究意义，确定了本书研究的主要内容。其次，概述了文章的总体脉络和需要使用的研究分析方法。最后，对本书研究结论和启示进行陈述。

第二章是文献综述。本章主要围绕全球价值链国际分工、契约环境与价值链升级研究主题对国内外文献进行对应的梳理。并在本章节的最后文献评述部分，对过去研究的主要工作进行总结，指出以往文献的研究贡献及其不足之处，阐明本研究的主要核心内容，并且突出全球价值链国际分工背景下，契约环境质量对价值链升级作用机理的重要性。为后面章节中理论模型的构建以及实证计量的设计提供相应文献支持。

第三章是中国参与全球价值链动态演进及其跨国比较分析。本章针对以往对全球价值链研究分工程度的研究发现，大多文献仅从出口的角度考虑参与国际分工的程度，却忽略了在实际国民经济活动中，其他环节对价值链也有一定的影响，即整个国民经济生产活动都受到全球化的影响。例如，2012 年泰国发生百年一遇的洪水灾害使全球硬盘价格出现暴涨。表面上看，两者之间没有明显的内在联系，不过其背后的原因是，移动硬盘的生产已经高度实现了全球化分工模式，生产硬盘的跨国价值链条受到泰国水灾的冲击，导致在硬盘市场出现短暂性的需求大于供给，从而出现全球硬盘价格暴涨的现象。所以，在实际经济活动中，价值链分工是国内价值链和国际价值链双重运行，与经济生产环节日益密切，经济体参与全球价值链的程度不仅仅取决于对外贸易活动这一单项经济活动，而应该是整个国民经济生产活动均有参与到价值链体系中。为此，本章采用 Wang et al.（2017）提出的生产分解模型并基于 2016 版 WIOD 数据库，从供给视角的前向参与以及需求视角的后向参与两个维度对 2000—2014 年包括中国在内的世界主要 43 个经济体参与全球价值链分工程度进行测度和跨国动态比较。另外，考虑到不同产业融入价值链的情况有所差异，本章还对中国整体以及包括制造业和服务业在内的 56 个产业部门参与国际分工的情况进行了更为深入的剖析，详细讲解中国参与全球价值链国际分工的程度。研究结果发现，从全球整体水平的变化趋势来看，无论是前向分解还是后向分解的价值链参与指数均呈现出平稳上升的趋势，说明世界经济往来更加密切频繁，各经济体对他国的依赖程度也相应提高。而对于中国产业而言，不管是在总体国家层面还是细分产业层面，全球价值链参与指数也都呈现出较为平稳的上升趋势，参与全球化国际分工的程度逐年增强。

第四章是理论模型的构建与相关研究命题假说的提出。该部分为下文实证计量分析章节搭建理论基础。在全球价值链新型国际分工大背景下，企业选择跨区域的分工合作，显然受到双方契约环境制度的影响。契约环境的好坏直接影响着那些合约密集度强的产品能否顺利生产。在享受分工合作带来经济便利的同时，跨国交易生成的交易成本也不容忽视。当契约不完全性带来"敲竹杠"风险时，拥有较好的契约实施环境的企业能更为成功地完成合约的签订，进而更好地融入全球价值链生产体系，在享受价值链分工带来积极经济效应的同时，增强国际竞争力水平，逐步实现向价值链中高端迈进的目标。已有研究发现，对于那些通用性产品来说，问题相对简单，而对于那些专用性强的产品，契约环境就显得格外重要。价值链高端产品往往属于后者，它们对契约制度条件要求极为苛刻。可见在这个层面上的跨国分工合作具有很高的"进入门槛"。因此，本章在上述内在机理分析的基础上构造理论模型，最后提出如下理论假说：参与国际化分工的程度越强，越有利于企业生产出技术含量较高的产品，实现价值链升级。而且，相对而言契约环境越良好的国家或地区，参与国际分工对其自身在价值链地位的提升具有更为明显的正向推动作用。

第五章是全球价值链分工、契约环境与价值链升级：基于国家面板数据的实证检验分析。通过实证结果初步证实了本书提出的假说：参与全球价值链国际分工确实能够提升价值链地位，出口产品的质量和技术复杂度水平得到提升。并且契约环境越优良的国家，价值链国际分工对该国的价值链地位提升的正向积极作用越明显。具体来说，本书参考 Rajan and Zingales（1998）、Nunn

（2007）、马光荣和李力行（2014）等学者的实证方法，在计量模型中引入参与价值链国际分工程度和契约环境的交乘项，其目的在于检验国际分工程度对价值链提升的作用是否受到契约制度环境的影响和制约。本章还对主要解释变量的选取进行解释，同时还运用了动态系统 GMM 估计等方法用于克服内生性问题，并更换了被解释变量及核心解释变量的衡量测度指标，进行稳健性检验，发现结果依然稳健，更加说明本书的假说可靠。

第六章是全球价值链分工、契约环境与价值链升级：基于中国微观企业数据的实证分析。在第五章，已经初步证实了契约环境的确能够影响价值链地位的提升。不过考虑到基于宏观跨国面板数据存在样本量偏少，自由度低等客观因素，且影响宏观层面的影响较多，所以在宏观实证计量方面可能引起估计结果不够准确的问题。另外，本书还考虑到中国各地文化风俗、经济发展水平等方面的差异，致使各地契约制度环境有着明显的区别，总体呈现出"传统思想"和"法制精神"共存，"计划指令"和"自由市场"同在的现状，致使地区间契约执行效率和环境存在差异（蒋冠宏和蒋殿春，2012）。基于上述原因，本章使用中国规模以上工业企业调查数据库作为研究样本，再对第四章提出的理论假说进行实证检验。这样做的好处是，一方面，由于采用的数据库是目前中国工业企业数据库，该数据库样本观测值充足，可以解决国家面板分析中面临着样本偏少、自由度不够等实证技术问题。另一方面，该数据库还囊括了企业众多的财务状况指标，便于捕抓企业微观方面的特征，提高模型的估计结果，因此所得结论更加可靠。所以，基于中国数据进行实证检验所得出的结论，有助于为中国产业迈向全球价值链中高端提供更加实际客观的政策建议。需要说明的是，受限于数据的可获得性，本章我们借鉴唐东波（2012）、Kee and Tang（2016）使用的垂直专业化水平衡量中国企业全球价值链国际分工程度。

第七章是结论与启示。改革开放初期，中国依托丰富的劳动与土地资源，主动参与全球价值链新型国际分工体系，对外贸易实现了快速增长。然而过去那种粗放式低端嵌入方式的弊端已日益显现，对外贸易方式向高质量高效率的集约式贸易方式转型迫在眉睫。查阅文献发现，目前还很少有文献从制度角度探究对外贸易增长新动力以及如何实现中国产业向价值链中高端迈进的问题。所以，本书的结论具有十分重要的政策含义，积极融入全球价值链生产活动体系、契约环境的改善都对本土企业生产水平和国家整体国际竞争力提升有着深远的影响。积极参与价值链国际分工是对外开放的表现形式，契约质量环境的改善则是对内改革的作用方式，价值链地位的提升是改革开放的目标。因此，我们不仅要始终坚持对外开放的基本国策不动摇，还要继续推进制度改革，营造一个法治化、规范化的良好营商环境。这既有利于经济转型，促进经济增长，也有利于逐步实现向价值链中高端提升和建设现代化经济体系的目标。

第五节　研究方法

一、　基于多个维度对价值链升级度量

在全球价值链已成为经济全球化的一大显著特征的今天，全球价值链网络上纵向深度发展的国际分工已成为社会生产中最为重要的组织形态。如何量化、评价融入价值链程度以及在价值链中升级的实际效果，成为当前国家和企业向价值链高端攀升的具体战略计划实施过程中首先需要明确的关键问题。对于全球价值链国际分工程度的刻画，不管是在国家、行业宏观层面还是在企业微观层面都有一些文献指导。而对于价值链升级的内涵，更可能体现在价值链贸易的结构和出口产品的质量等维度①。鉴于此，本书首先试图从大多文献采用的价值链国际分工位置和从产品升级角度度量价值链升级情况的出口产品质

---

① 具体内容参见商务部研究院于 2016 年 10 月对外发布的《中国推进全球价值链合作的研究与行动》。

量以及出口技术复杂度等多个维度，用于衡量价值链升级。这样做的好处，在兼顾了指标典型性、测算技术方法前向性及可操作的前提下，提出一套多维度衡量价值链提升目标的量化评价标准，为政策制定、政策评估提供科学参考依据。

二、 投入产出分析方法

由诺贝尔经济学奖获得者列昂惕夫（Wassily W. Leontief）提出的投入产出分析利用棋盘式平衡表的格局，能够清晰反映各个国家或地区之间以及不同国家或地区各个部门之间的错综复杂的联系。它已成为一种强大的数量经济分析工具。最近十余年来投入产出分析的应用领域有了新扩展。投入产出分析已成为全球价值链、外贸对经济影响以及资源环境管理等问题的热门研究工具和方法，受到国内外学者的重视和应用，影响力逐步扩大。该方法也得到多个国际组织如欧盟（EU）、经济合作与发展组织（OECD）、世界贸易组织（WTO）、联合国贸易和发展会议（UNCTAD）等更加广泛的应用，组织开发了若干国际和区域投入产出数据库。投入产出分析在全球和主要经济体贸易、资源环境和产业政策的制定中发挥了或正在发挥日益重要的作用。本书采用Wang et al.（2017）提出的生产分解模型，从前向联系和后向联系两个维度视角分别测算世界主要国家（地区）以及中国细分行业的价值链分工指数。一方面客观地反映了中国融入价值链分工程度的状况，另一方面为后文实证分析中指标的构建做了铺垫。

三、 数理分析方法

经济学中，数理模型的建立是实证计量分析的基础条件。本书试着将价值链国际分工和契约环境同时嵌入一个分析模型。简单而言，本书将上述两个变量同时纳入生产函数，微观企业面临着利润最大化和成本最小化的双重约束下，对企业的生产决策行为进行分析。最终推导出全球价值链国际分工、契约环境对价值链升级的影响机制，并提出相应的研究假说。

四、 实证分析方法

实证经济学旨在回答"是什么""能不能做到"之类的问题。在理论数理模型和计量模型构造的前提下，本书从国际分工地位、出口产品质量和出口产品技术复杂度等维度探讨价值链提升的关键影响因素。发现计量实证结果与本书提出的理论假说预期相吻合，说明得出的结论稳健可信。而且结果能在一定程度上解释价值链提升的国际分工和契约环境等因素的作用。

五、 宏微观数据相结合分析

本书在实证方面，既使用了跨国面板数据，又采用了中国工业企业微观数据，从国家整体和微观企业两个层面，以宏观和微观相结合的方式进行实证研究。

第六节　研究创新

本书在现有的理论与实证文献的基础上，尝试探究全球价值链国际分工视角下契约环境对价值链升级的影响。不仅从微观和宏观两个层面测算了中国参与全球价值链国际分工程度，而且从理论和实证两方面研究了价值链国际分工和契约制度对价值链升级的作用机制。与现有文献比较，本书的创新主要可能体现在以下几个方面：

首先，在理论方面，在国际经济学领域，已有大量的研究表明参与国际分工能够对本国经济产生深远的影响（Amiti and Wei，2009；姚战琪，2010；唐东波，2014）。然而，上述研究都未能考虑契约环境等制度因素对价值链提升的影响。而梳理经典制度经济学文献可知，契约制度的好坏直接制约着当地企业出口贸易行为。如 Acemoglu et al. （2007）的研究已证明了契约环境的优劣可以决定企业是否能够获得生产必需的特定关系的中间投入品，从而影响企业的生产率水平。不过，类似的研究都没有控制国际分工对企业经济绩效所带来的影响。简单来看，全球价值链国际分工和契约制度环境对一国以及微观企业的经济绩效的影响，实质上是分工合作造成的经济效用与交易成本之间权衡作用的结果。因此，本书研究的主要内容是将契约环境变量内生化，讨论全球价值链分工视角下契约环境对价值链升级的影响。

其次，伴随着中国进一步融入全球价值链国际分工，通过"走出去"的对外贸易，使中国整体以及本国企业在价值链中的地位逐步得到了提升。企业在生产过程中对契约制度和履约环境的依赖程度也逐步增强。所以，本书在研究内容上，不仅关注参与全球价值链国际分工程度对价值链提升的影响，而且更为关心的是，价值链国际分工程度与契约制度环境两者的交互作用，对价值链提升的潜在影响机制。价值链升级重要表现形式之一就是出口产品的技术含量较高。如今高端产品的生产工序往往较为复杂，一般情况下需要多家企业通力合作才能实现最终生产。例如，一部 iPhone 手机的生产过程包括中国、日本、韩国、德国和美国五个国家的九家不同公司。而且，处于价值链越高端的产品，往往越需要更多的定制化中间投入品的投入，参与此阶段层次价值链合作的进入门槛较高。那么，当地契约环境的质量越好、交易费用越低，就越有利于价值链国际分工合作顺利开展。随着中国劳动力成本的上升，人口红利日渐消失，未来对外贸易的发展乃至整个经济的发展应转向于以制度红利为主，通过适度性的制度变革才是将包括劳动力资源在内的一切生产要素做到物尽其用的引擎动力。所以，本书从契约制度的视角，探究制度改革对中国向全球价值链中高端攀升的作用。

最后，在计量方法上，一方面，基于现有最新的统计测算方法，并结合实际可获数据的客观背景为基础，借鉴了 Upward et al.（2013）、Kee and Tang（2016）以及 Wang et al.（2017）的方法，分别从宏观和微观层面构建了参与价值链国际分工程度的指标。这样做的目的在于，为后文的实证部分从上述两个维度检验全球价值链国际分工背景下，契约环境对价值链升级的影响提供必要的技术储备。另一方面，鉴于价值链升级可能体现在价值链贸易的结构以及出口产品质量等层面，本书不仅采用大多文献使用的价值链国际分工位置指数，并且还采用出口产品质量和出口技术复杂度用于刻画产品升级的指标和衡量价值链升级。这样在兼顾了指标典型性、测算技术方法前向性及可操作的前提下，本书提出一套多维度衡量全球价值链国际分工程度与价值链提升目标的量化评价标准，为政策制定、政策评估提供科学参考依据。而且，考虑到计量实证中往往由于模型设定、内生性以及计量方法的不慎实用等问题客观的存在，本书才有了多种进行稳健性回归检验的方法，最大限度地降低普通最小二乘方法在实证中造成的可能性偏误。

本书各章逻辑结构如图 1.2 所示。

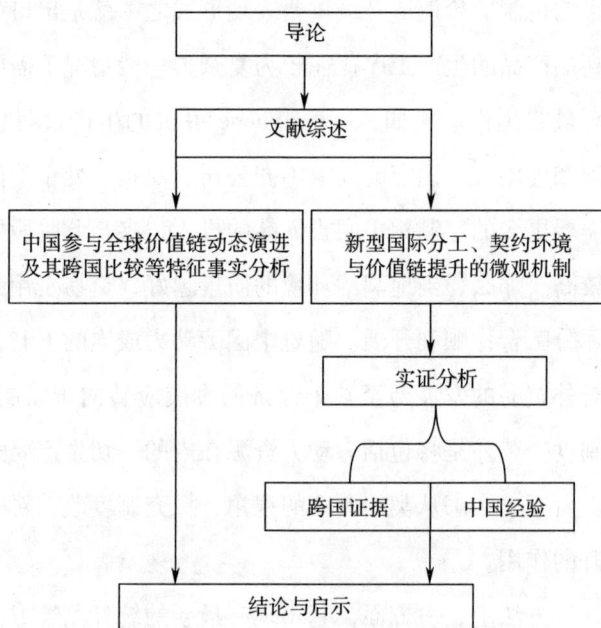

图 1.2　本书各章逻辑结构

第二章
文献综述

本章围绕全球价值链国际分工、契约环境与价值链升级进行研究，对国内外文献进行梳理。在本章的最后文献评述部分对过去的研究进行总结。最后，指出以往研究的贡献与不足之处，重点突出研究的核心内容，即全球价值链分工背景下契约环境对价值链升级作用的重要性。

第一节　全球价值链国际分工的文献回顾

一、　全球价值链国际分工的内涵研究

2013 年 OECD 将全球价值链进行了如下定义：价值链生产活动是指企业将产品的设计、生产、销售、发送以及辅助其生产的过程进行种种活动的集合体。整个活动过程可能不在同一家企业内部完成，因此这些生产活动分布范围也可能不仅仅局限于一个国家的内部，而可能是在多个国家共同进行生产活动，价值链在局域范围内变成了全球范围内的生产活动。因此，将此类活动称为全球价值链（Global Value Chains，GVC）。

这类现象可追溯到 20 世纪 60 年代，Balassa（1967）指出第二次世界大战以后全球贸易结构发生了根本性的变化，中间品在整体贸易的比重超过最终品所占比重。到了 21 世纪初期，中间品贸易规模已接近全部贸易的七成。许多

学者也都关注到了此类现象，并使用不同名称来概括和描述。如 Jones and Ki-
erzkowski（2001）将这种想象描述为"离岸外包"（Offshoring and Outsourc-
ing），Krugman et al.（1995）和 Timmer et al.（2014）则将其提为"碎片化生
产"（Production Slicing），Feenstra（1998）则称为"全球经济生产非一体化"
（Disintergration of Production），Hummels（1998）提出了"垂直专业化"（Ver-
tical Specialization），Baldwin（2006）则将其称为"第二次大分离"（Globaliza-
tion Second Unbundling）。同样地，国内学者也关注到了此类现象并进行了相应
的分析，如盛洪（1991）分析了产生垂直专业化分工合作的内在动因，并从
理论上探究了产品内分工与交易成本两者之间的关系。吴敬琏（2003）则认
为在世界经济全球化的背景下，跨国公司将产品分割成若干个部分，并分散于
全球范围内，通过生产要素跨越国家界限在全球范围内进行资源配置，这种形
式的产业转移对跨国公司自身的发展具有积极的提升作用。虽然众多学者使用
了不同的专业名词对此类现象进行描述，但是其目的都是描述某件产品的不同
生产阶段工序分散于世界范围内进行共同生产的现象。而且这也是全球价值链
生产网络概念雏形发展演化的过程。针对同一产品的不同生产阶段工序分散于
世界范围内，出现空间分离生产的现象，目前较多的学者使用全球价值链这一
称谓用于描述这类现象（Gereffi et al.，2005；Antras and Chor，2013；Koop-
man et al.，2014；Johnson，2017）。

全球价值链分工实质是生产分工逐步向增值过程的转变。具体到某个产
品，它的全部价值已经不是由单个的国家所独自占有，而是由生产它的众多国
家共同享有。由于贸易成本降低和通信技术的发展，贸易往来更加便利，使价
值链分工突破了以往有形地域的界限，将其概念拓展到全球范围内。而参与价
值链分工的国家，各自只承担部分生产工序，只是最终由某一个国家进行最终
的装配而已。所以，按照 Hummels et al.（2001）、Baldwin and Lopez–Gonzalez
（2015）等学者对全球价值链分工的阐述，这种分工模式必须同时满足以下两
个条件：第一，某一产品的生产过程能够拆分为两个或者多个生产阶段。第

二，生产环节并不是仅在某一单个国家内部完成，而是由多个国家共同参与并完成。在此，我们利用图 2.1 对全球价值链国际分工模式进行简单说明：首先生产某最终品共需要四个环节，其中前两个环节由国家 A 的不同企业完成，而后两个环节则由国家 B 的两家企业完成，只是最后在国家 B 进行组装而已。

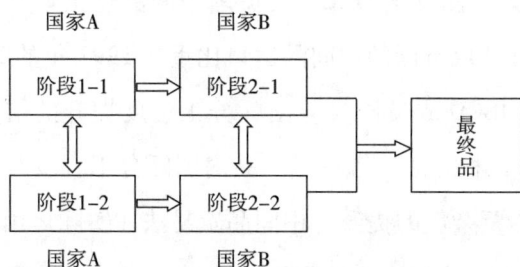

图2.1　全球价值链分工合作生产工序简化示意图

二、　全球价值链国际分工参与程度的测度研究

全球价值链分工参与程度的核算是研究全球价值链领域以及出口贸易分配等的基础内容之一。这类研究文献为全球价值链有关研究提供了重要的定量分析的基础。它不仅丰富了原有的研究，为相关政策的分析和制定提供了评判依据和方法，而且势必将促进全球价值链其他方面的研究，为进一步深入的研究和扩展奠定了基础。

梳理全球价值链参与程度的相关文献，可归纳为三种主要测算方法：中间品贸易法、投入产出宏观分析法以及企业微观数据测度法。其中，第一种方法为间接度量法，而后两种为直接度量法。因为近几年在经济理论和统计测算方面相继取得重要突破，后两种直接法越来越得到学术界的认可和采纳。直接法的优点在于，更加能够客观真实地反映国家、行业宏观层面以及企业微观层面融入全球价值链程度的真实情况。

（一）中间品贸易法

该种方法又可分为零部件贸易比重法和加工贸易法两种。这种方法的核心思想都是对国家或企业进出口贸易数据进行识别，用国家或企业中间品或加工贸易规模衡量参与国际分工的程度。零部件贸易比重法主要是借助SITC 分类法或者 BEC 分类法对贸易产品的用途进行识别，并以此作为参与国际分工的程度。Yeats（2001）基于零部件贸易比重法并借助 UN COMTRADE 数据库，测算了 OECD 成员国中间品进出口对外贸易情况，结果发现，这些 OECD 成员国的中间品出口比重从 1997 年的 26% 上升到 2000年的 30%，得出 OECD 成员国参与国际分工程度提升的结论。戴翔和金碚（2014）同样基于该种方法，考查了产品内国际分工程度与制度质量交互作用下一国出口技术复杂度的提升。中间品贸易法在实际运用中存在一定的缺陷。因为不管是 SITC 分类法还是 BEC 分类法，发展中国家都是近几年才采纳并运用的，这些国家的可得数据在时间维度上其实并不长，不利于展开深入的研究分析。而加工贸易法，顾名思义，它是从加工贸易的角度考量国家或地区参与国际分工的程度。钱学锋和陈勇兵（2009）则基于此种思路，测算了中国省级层面参与国际分工的程度，并探讨了参与国际分工程度对本地产业集聚的作用。

（二）基于投入产出表宏观数据测算价值链分工指数

基于投入产出表宏观测算全球价值链参与程度，最早可追溯到 Hummels et al.（2001）提出的 HIY 分解法，该种方法首次以出口产品中国外价值含量的形式量化了参与国际分工程度，并提出了垂直专业化指标。构造该指标的主要思路是，根据单国非竞争性投入产出表的特性，根据使用用途将一国进口中间品客观地分为为出口而进口和最终满足本国国内消费两类，并将出口品中国外价值含量占总出口的比值定义为垂直专业化指数（VS），最后他们基于OECD 提供的单国投入产出表，测算了英国、法国等 14 个国家制造业整体水平的垂直专业化水平。另外，他们还指出一国可以通过两种途径参与垂直专业化国际分工体系。即他国进口中间投入品用于本国出口品的后向参与方式，和他国出口中本国价值含量的前向参与方式①。刘志彪和刘晓昶（2001）沿袭HIY 方法和思路，测度了中国制造和服务两大产业的垂直专业化水平，并与其他国家进行横向跨国比较分析。张小蒂和孙景蔚（2006）同样运用了国家统计局对外公布的多张投入产出表，测算了中国制造业整体及细分行业的国际分工程度并进行了跨期比较，研究发现中国制造业出口垂直专业化程度存在明显的行业差异，并且劳动密集型制造业的国际分工程度低于技术密集型制造业参与国际分工的程度。上述两位国内学者虽然都是借鉴了 HIY 分解方法，不过在实际数据处理过程中，使用的投入产出数据均为竞争型投入产出表，这类投入产出表无法识别中间投入品的具体来源地是由本国自身提供还是由其他国家供给，所以使测算结果存在明显的偏误。为此，平新乔等（2006）以美国普渡大学 GTAP 跨国投入产出表提供的构建说明材料为辅助工具，将中国竞争型投入产出数据拆分为区分中间品投入来源的非竞争型投入产出表，并测算了中美两国之间的垂直专门化程度，结果显示中国出口到美国产品的垂直专门化率呈现上升的趋势。背后的原因是，中国通过承接日韩等东亚国家的进口中间品进行组装生产，最后出口美国，客观评价了东亚国际分工产业价值链对美国经济产生的影响。文东伟和冼国明（2010）则使用 OECD 于 2009 年对外公布的非竞争型投入产出表，将中国与世界主要经济体进行对比发现，整体上中国参与国际分工的程度有所提高，且参与程度高于其他发展中国家，但与欧美发达国家相比，仍有不小的差距。另外，中国在技术密集行业的垂直专业化水平已非常接近大多数发达国家。

以上研究虽然使用了竞争型投入产出数据进行中国参与国际分工程度测算的有关研究，但这些研究所使用的计算方法均不区分进出口商品贸易的类型，即没有考虑加工类型，没有区分加工贸易和一般贸易，而是将进口中间品按照

---

① Hummel et al.（2001）虽然提出了前向视角下的垂直专业化的测算方法（VS1），但受限了当时提供的数据均为单国投入产出表而无法测得该指标，所以仅测算出了基于后向视角下的垂直专业化水平（VS）。

一定的比例拆分为国内需求和国外使用两部分。在此，为了清楚地了解两类不同贸易方式下全球价值链国际分工中具有明显的差异，本书分别绘制了两种贸易方式国际分工简单示意图（见图2.2、图2.3）。国内学者研究全球价值链分工状况时，大多研究方法都是基于 Hummel et al.（2001）提出的测算垂直专业化程度的方法。通过图2.2和图2.3可以清楚地看到，两种分工贸易模式的区别在于生产的最终品的使用流向方面的不同。在加工贸易活动中，进口中间品的用途只是为了满足出口而进行进口，这些产品并没有流入进口国用于满足本国生产消费等经济活动；而一般加工模式生成的最终品有部分价值会用于满足本国国内需求。加工贸易在中国对外贸易活动中占据半壁江山，地位举足轻重。由于进行加工贸易国际分工时，承接国主要承担着低附加值的组装装配工作，这类最终制成品的国外价值含量明显高于一般贸易产品，因此过去很多研究使用不识别贸易类型的投入产出数据继而低估了中国出口产品的垂直专业化率（罗长远和张军，2014；文东伟，2017）。为了克服上述问题，刘遵义等（2007）集合了多方数据，将加工贸易纳入构建非竞争型投入产出框架，测算

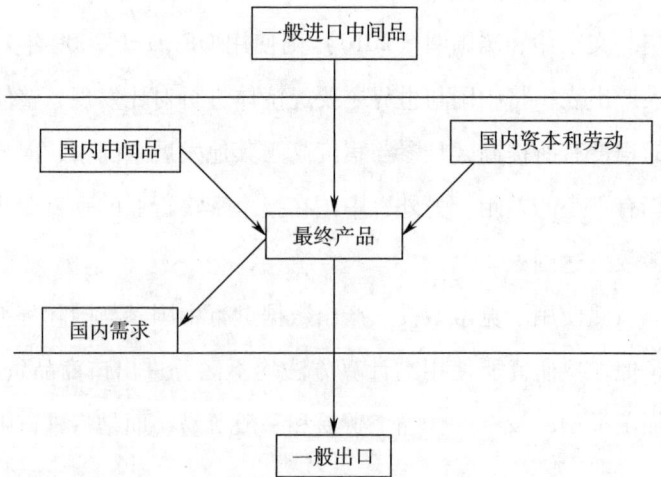

图2.2　一般贸易国际分工示意图

了中美两国贸易规模，对比传统贸易统计法与增加值法统计的贸易量，发现前者会夸大中国对美国的贸易顺差，该结论对中美之间减少不必要的贸易争端提供了有效的参考依据。Koopman et al.（2008）和 Dean et al.（2011）同样注意到加工贸易的特殊性，他们通过不同数据处理方法，分别提出了分解方法，构建了识别加工贸易的中国投入产出数据，最终测算了中国参与国际分工的程度，发现中国参与国际分工的程度基本维持在 50% 左右，结果远远高于以往未区分贸易类型测得的结果，而且还分别测度了不同贸易类型参与国际分工程度，还原了中国参与国际分工的真实情况①。

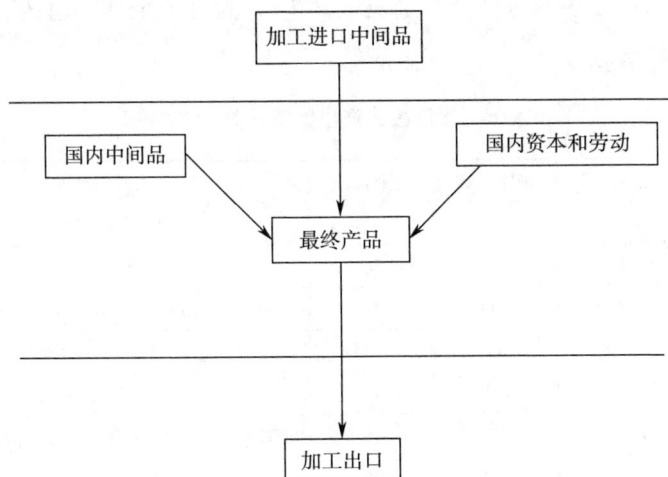

图2.3 加工贸易国际分工示意图

不过考虑到一国投入产出表受到数据结构的限制，不能像跨国投入产出表那样反映出中间品进出口带来的扩散与反馈效应以及国际分工合作的具体相关信息（Miller and Blair，2009）。跨区域多国投入产出数据实质上是一般非竞争型投入产出数据的特殊形式。前者提供了更为翔实的数据信息，后者的数据只

---

① 针对上述测算方法的详细过程，参阅世界银行出版的"Trade in Value - Added — Developing New Measures of Cross Border Trade"。

能知道本国某部门产值有多少出口到国外，而无法知道其出口国家以及出口规模情况，而跨区域的多国投入产出模型不仅提供了上述信息，还能够通过该表的投入产出矩阵数据，了解该部门出口到各个国家，甚至详细到具体的部门价值流向情况，能够真实刻画多区域之间的产业关联程度。另外，它还根据进口品的最终用途，将其分为中间使用和最终使用两部分。所以，一方面，Johnson and Noguera（2012，2017）、Wang et al.（2013）和 Koopman et al.（2014）等学者在 HIY 方法思路基础上，不断地在理论测量方面拓展贸易增加值的测算方法及应用范围。另一方面，近几年 OECD、WTO 等多个国际组织构建的跨国投入产出表的对外公布（见表 2.1），为有关全球价值链和贸易增加值研究提供了数据支持。

表 2.1　　　　　　　　　　国际投入产出数据一览

国际投入产出表	国家区域	产业部门	时间跨度
WIOD（2013 版）	40	35	1995—2011 年
WIOD（2016 版）	43	56	2000—2014 年
Tiva – OECD（2015 版）	61	34	1995 年、2000 年、2005 年、2008—2011 年
Tiva – OECD（2017 版）	63	34	1995—2011 年
GTAP	121	43	2004 年、2007 年、2011 年
ADB – WIOD	47	35	2000 年、2005—2008 年、2011 年、2015 年
Eora	189	26	1990—2015 年

Wang et al.（2013）、Koopman et al.（2014）等的相关研究又在原先 HIY 思路上进行了拓展。他们根据跨国投入产出数据的特性，从后向关联的需求视角测算了国家—行业层面的贸易增加值出口规模，并分别提出 KWW、WZZ 贸易增加值分解的方法。这些方法已经成为全球价值链量化评估及研究的主要方法。但是两种方法既有联系又有差异，前者仅提供了国家整体层面的垂直专业程度测算方法，而没有提供在多边贸易情况下，任意两个贸易伙伴之间的双边贸易以及更为细化的部门的垂直专门化程度测算方法。为此，Wang et al.（2013）、王直等（2015）在 KWW 法的基础上，将各个国家及部门之间的异

质性问题也纳入投入产出模型，提出了国家和行业的总贸易核算法。WWZ法将KWW法中涉及的一国总贸易流分解法理念延伸至部门、双边以及双边部门层面，并将KWW法中国家层面将贸易区分为增加值出口、返回的国内增加值、国外增加值和重复计算的分解法延伸为国家部门产业层面的贸易出口分解。同时，依据贸易品中价值来源、最终吸收地和使用方式的不同细分为16种不同路径，详细的分解路径为垂直专业化的结构提供了较好的认识。而国内学者诸如罗长远和张军（2014）、程大中（2015）等则分别利用不同机构提供的跨国投入产出数据，分析了中国在全球价值链的地位以及演进过程及出口增加值变化的内在机制。樊茂清和黄薇（2014）基于KWW法对中国进出口贸易进行分解并分析了中国在全球价值链的地位及演进过程。通过梳理上述国内外相关文献，基于跨国投入产出分析和出口贸易分解的KWW模型和WWZ模型已经成为研究全球价值链的主要方法。但Wang et al.（2017）指出，在现今一国国内价值链和国际价值链双重运行下，经济生产环节日益密切，经济体参与全球价值链的程度不仅仅取决于对外贸易活动这一单项，而应该是整个国民经济生产活动均有参与到价值链体系中。为此，他们提出生产分解模型（Decompose Total Production Model），并提出用于衡量国家、部门层面生产活动参与价值链程度的全球价值链指数（Global Value Chain Participation Indexes）用于衡量一国融入全球价值链的程度。

（三）基于企业微观数据测度全球价值链国际分工程度

基于国际产出模型而衍生出来的HIY方法以及以HIY方法为基础改进的诸如KWW、WWZ等方法，为全球价值链国际分工程度的测算提供了清晰严谨的思路。这些方法也成为目前研究全球价值链分工有关国家或行业宏观层面的主要方法。不过上述研究方法都是借助投入产出模型，并没有考虑即使是同一个行业内的微观企业间也存在较大的差异，而企业异质性问题又是国际贸易研究中不可忽视的问题（Melitz，2003）。尤其在研究类似于中国这种加工贸易和一般贸易并行下的出口二元结构国家，使用该种方法的缺陷尤为突出。

微观企业作为整个经济运行系统中的最小单元，只有了解它们参与国际分工程度的差别及其内在原因，才能对国家参与全球化的情况有更为真实的判断。尤其对于经济转型下的中国，其重要性不言而喻。微观层面测算企业出口垂直专业化指数，能够反映企业参与国际化分工以及参与全球价值链的程度。得益于中国海关贸易数据库和中国工业企业数据库的对外公布，从企业微观层面估算价值链嵌入程度成为可能。Upward et al.（2013）通过合并以上两个数据库，估算了中国工业出口产品的国内增加值比率由 2003 年的 0.533 提升到 2006 年的 0.608。张杰等（2013）利用思路和数据，测得中国制造企业整体出口的国内增加值比率从 2000 年的 0.491 上升到 2006 年的 0.573，而且还发现一般贸易出口产品的国内增加值率明显高于加工贸易出口的国内增加值率。虽然上述两位学者测算的结果存在一定的差异，但单位产品中的国内价值含量提升的事实并未发生改变，侧面说明了中国制造业参与全球化的过程中，增强了自身产业的增值能力[1]，而唐东波（2013）同时兼顾产业上下游之间的宏观产业关联，采用投入产出宏观和企业微观贸易数据相结合的方式，从全球价值链的视角探究中国制造业产业升级情况，并发现在科技含量高的行业，普遍存在较高的垂直专业化水平且缘于加工贸易，中国出口产品的高技术表象掩盖了国内附加值较低的事实，中国产业升级的速度依旧缓慢。Kee and Tang（2016）从企业异质性角度出发，发现企业通过 FDI 流入和关税减免等渠道使国内中间产品技术实现了升级，进而替代了部分国外中间投入品，使中国加工贸易的国内增长比率在 2000—2006 年增长了近 10%。

通过对上述文献的梳理发现，已有一些研究开始着手从微观层面参与国际分工程度以及国内增加值比率的测算方法开展研究。这些研究为本书测度中国企业参与全球价值链程度提供了测算方法和思路依据。而且企业微观层面的数

---

[1] 根据 Hummel 等（2001）对垂直专业化程度的定义，国内增加值比率（DVA）和作为全球价值链融入程度的衡量指标的垂直专业化水平（VSS）可视为硬币的两面。

据也较好地克服了投入产出数据分析未考虑行业间、内部企业之间的异质性导致估算垂直专业化偏差的问题。为此，利用微观数据测算企业的国内增加值或垂直专业化程度能够弥补投入产出方法的不足（高敏雪和葛金梅，2013；余淼杰和崔晓敏，2017）。

第二节 契约环境与国际贸易的文献回顾

一、 契约环境、 违约风险与比较优势

国家之间的贸易模式（Trade Pattern）到底是由什么因素决定的？在传统古典的国际贸易理论分析框架下，无论是绝对比较优势理论，还是后来衍化出来的李嘉图比较优势理论，都认为国家间产生贸易活动的动机来源于生产技术方面的差异。而 H - O 理论则从生产要素禀赋方面阐述了国家间产生贸易现象的原因。随后出现的新贸易理论则将垄断市场竞争和规模报酬递增引入贸易理论分析框架，较好地解释了第二次世界大战以后行业内贸易盛行的世界贸易现象。上述贸易理论主要是从技术差异、要素禀赋差异、规模经济引起的产品差异等角度解释国际贸易产生的原因。显然，上述研究均未考虑制度对国际贸易产生的影响。

制度是如何影响一国对外贸易以及经济增长的？Acemoglu et al.（2001）将制度具体量化为指标形式，并最终实证发现，制度差异性对一国经济的增长具有正向作用，而且制度差异是解释国家间收入差距的重要原因（Rodrik et al.，2004）。因此，制度也可能是比较优势的重要来源，从而影响一国的贸易模式和贸易规模（Acemgolu et al.，2001；Nunn and Trefler，2014）。Butter and Mosch（2004）研究指出，因为法律制度建立的不够完善，开展贸易的两国出现信任危机，最终影响两国的贸易量，即从司法制度质量的角度解释了"贸易的消失之谜"。制度质量高的国家，不仅能显著增强与他国之间的贸易

往来活动，促进贸易量的提升，还能通过声誉和信任机制增加与其他国家贸易合作的机会。同时通过贸易的广延边际和扩展边际等两个维度对本国贸易结构进行改善（Araujo and Ornelas，2007）。一般而言，司法质量较低，执法的效率低下，腐败行为容易滋生，贸易成本随之增高，违约风险较大，不利于贸易活动的顺利开展（Anderson and Marcouiller，2002）。

在对外贸易活动中，契约执行效率的高低是最为重要的不确定因素之一（Rodrik，2000）。履约风险的大小和契约制度质量成正比，契约环境越好，对外贸易活动的风险就越低，贸易成本也相应较低。所以，契约环境的改善对国际贸易有显著的正效应，而且对于差异化程度越高、生产工序越复杂，以及那些在合约中无法详细描述的产品对契约质量的依赖程度也就越高（Berkowitzd et al.，2006）。出口企业通过信用证、事前支付等方式尽可能地规避国际贸易中的不确定性带来的风险。然而对于进口企业而言则无法通过以上手段规避风险，因此只能依靠类似于法律执行仲裁等正式契约实施制度（王永进等，2010）。Aeberhardt et al.（2014）利用法国企业数据研究发现进口国制度环境的改善，能够减轻契约不完全引起的摩擦。Araujo et al.（2016）则研究了进口国家层面的契约执行效率与企业出口行为之间的关系，并发现一国（地区）契约执行越有效，越有利于出口厂商的进出口贸易规模和出口持续时间的维持。

North（1990）指出伴随着专业化分工的深化，商品的生产工序日益复杂，国家间合作生产越来越频繁，那么越需要依靠可靠的制度用于降低契约中的不确定性风险（Uncertainty）。而且由于不确定性的存在，生产分工提升效率的同时，交易成本也随之产生。实际生活中，契约多为不完全契约（Imcomplete Contract）。在一个契约制度不完全、不确定因素增多的背景下，企业之间的交易成本将变大，不利于生产分工活动的顺利展开，因此企业会更倾向于选择将交易"内部化"，进而影响企业的贸易结构（Williamson，1979）。契约的不完全性势必会影响企业的生产效率（Klein，1980）。

二、 契约环境、 投资决策与比较优势

Grossman and Hart（1986）、Hart and Moore（1990）先后通过严格的数理模型，分别从合作博弈和非合作博弈的视角证明了契约的不完全性导致投资低效率（Under – Investment）现象的出现。以上研究的诞生，也意味着不完全契约理论的成立。简单而言，该理论的内在机理是，企业为了生产定制化投入品的专用性投资，无法在事前写进合约，导致契约是不完全的，而又因为定制化投入在市场上进行交易困难。所以，对于供应商而言这类专用性资产其实是一种锁定（张维迎，1996）。最终品的收益如何分配只能依靠事后的再次谈判决定，而事后状态下生产商的议价能力明显高于上游供应商。在一个契约环境较差、违约成本不高的条件下，生产商有较强的动机违反原先已签订的合约，并与生产定制化投入品的供应商重新签订合约。其后进一步压低中间投入品的价格，使供应商的收益降低，进而抑制了上游供应商的投资生产动机，出现投资不足的现象，使上游供应商出现生产效率降低问题（Costinot，2009）。可见，契约环境作为衡量制度的一个重要维度指标，它的优劣程度也可作为生产要素禀赋，在生产及贸易活动中发挥着比较优势的作用。

近年来，许多研究将产权安排和契约环境制度引入企业异质性理论，探究跨国企业的边界及产权问题（Grossman and Helpman，2002；Antras，2003）。Antras and Helpman（2004）指出，由于契约的不完全性，导致上游供应商面临着下游生产商潜在的 "敲竹杠"（Hold – up）风险，违约风险较大，交易成本过高，而且一旦出现分工合作生产带来的效益，无法弥补契约不完全性产生的交易成本。那么跨国企业更倾向于将所有生产过程在企业内部完成。而Grossman et al.（2005）则进一步指出，由于生产的产品具有自身特点，存在明显的异质性，而又因为行业的特性，使有些行业的产品在生产过程中需要上游供应商进行定制化投入（Customized Inputs）。一些需要定制化投入较高的产品显然对契约的依赖程度也就越高，对契约执行环境就越敏感，企业的 "敲

竹杠"风险也相应提高。契约执行制度通过比较优势的路径影响着对外贸易规模。Ranjan and Lee（2005）基于 Grossman（1981）的模型框架，研究了不同类型的产品受契约执行效率的影响也有所不同。Levchenko（2007）在 Rauch（1999）研究的基础之上，将产品分为同质化和差异化两类，并在不完全契约的分析框架下，实证了契约制度也可视为一种比较优势的来源并进行国际贸易。Nunn（2007）利用美国投入产出表构造了行业契约密集度（Contract Intensity）的概念，将它作为衡量不同行业对契约制度的依赖程度的指标，并在连续的李嘉图模型下，分析契约制度对贸易规模的影响。最后通过国家行业层面数据，实证检验了在控制诸如人力资本、自然要素投入等一些传统比较优势的因素下，契约密集越强的行业，对契约执行效率环境的依赖程度就越高。因此得出，契约环境好的国家或地区，在契约密集度要求高、资产专用性投入比重高的行业具有出口优势。Ma et al.（2010）在 Nunn（2007）的分析框架下，基于微观企业跨国数据，发现契约环境对贸易规模的确存在影响。并且当契约环境越优良时，契约依赖程度越高的企业越倾向于出口。李坤望和王永进（2010）基于中国行业数据实证分析出类似的结论。而且良好的契约执行效率，能够通过融资、地区出口以及区位选择等多个路径影响一国（地区）的出口比较优势（茹玉骢等，2010；盛丹和王永进，2010；杨畅等，2014；李俊青等，2017）。

技术的不同是生产效率差异的重要原因。技术的选择与使用对于国家、行业及企业的发展至关重要，技术的高低直接影响发展的快慢和效率。可是以往研究大多没有探究契约制度是如何影响技术选择，进而影响国家或企业之间的生产效率的。Acemoglu et al.（2007）指出更先进的技术，其生产工序更加繁杂，需要更多的中间投入品支持其生产，这就意味着企业需要与更多的上游供应商签订合约，那么不确定性程度增大。由于签订的合约数目越多，交易成本也随之上升。一方面企业面临交易成本上升产生的负面影响，另一方面则是新技术投入生产对生产率带来的积极影响。所以在契约不完全的背景下，企业最终选择的技术未必是最先进的技术，且契约越不完全对技术选择的扭曲程度也就越严重，存在不必要的效率损失。同时当中间投入品之间的互补性越强，不完全契约扭曲程度对技术选择的作用也就更加明显。

企业在分工生产时签订的生产供应合约，由于不完全性造成的风险问题，企业倾向于采取生产交易过程内部化的方式，用来抵消契约执行环境低下所带来的"敲竹杠"问题。而 Bernard et al.（2010）基于美国企业交易数据实证发现契约执行效率对企业公司内部贸易具有决定性作用。吕朝凤和朱丹丹（2016）则基于金融发展和不完全契约双重视角，分析了中国 30 个省份 26 个行业垂直一体化生产的决定因素，最终得出金融水平的发展将使企业更倾向于选择垂直一体化生产模式的结论。针对 20 世纪后期，以发达国家的跨国公司主导的全球网络分割生产模式下的跨全球范围的网络价值链体系的形成，其实际是资源在世界范围内的重组，各国各行业发挥自身的比较优势参与全球分工体系，使资源配置更加科学合理。这样做的好处在于各个参与国际分工的国家或企业发挥各自在技术、要素禀赋以及规模经济等方面的优势提高生产效率。同时，国际分工合作不断地细化，其带来的不利因素则是交易成本的提高。所以是否进行国际分工取决于分工效用和交易分工两者之间的权衡。当分工带来的经济利益高于分工产生的交易费用，则分工能够顺利进行下去；反之，当分工经济效益无法覆盖交易费用时，分工生产的模式就无法顺利进行。伴随 ICT 技术的飞速发展，贸易成本的大幅度下降，分工模式从以往的国内拓展到跨区域、跨国家的国际分工模式，国际生产分割现象越发普遍，交易费用也随之出现并提高。一般而言，交易成本包括搜索、监督以及执行方面的成本。而交易成本的高低又由市场的开放程度、产品和要素市场的发育情况以及政府条文、法律法规的执行效率等因素共同决定。契约执行效率的提高能够降低交易成本，使国际分工更容易开展，同时参与价值链的企业出口表现也有所改善，即良好的契约执行效率能够降低交易成本，并促使分工更加深化，促进参与国际分工企业的技术选择和提升企业的生产效率（蒋冠宏等，2013；唐东波，

2014)。综上所述，契约环境必然成为企业参与价值链时必须考虑的重要因素。

第三节　价值链升级的文献回顾

Porter（1985）最早从管理运营的角度，将单个企业的生产活动分解为若干增值环节，这些生产工序活动主要包括研发设计、生产装配及销售等环节，它们之间相互依存、相互联系，共同构成了一个有机的集合体，并将其称为价值链。随后，Kogut（1985）将某个产品增值活动突破企业界限，将其延伸到具有合作关系的不同企业，构成产品价值链。Krugman（1995）则从生产工序的角度分析产品价值链行为，指出许多产品被人为地分割并在世界多个地区同时进行，再集中于某处进行组装。而 Gereffi（1994）又将产品价值链的生产运营范围拓展到全球区域内，将其称为全球价值链。在全球价值链生产活动中，由于各个环节承担的作用不同，增值空间也有所不同，在产品价值链条中的各个环节一般呈现出图 2.4 给出的 U 形增值能力图。处于两端位置的是诸如产品研发设计及销售等的技术资本密集型环节，这些价值链环节的增值能力强于加工装配与仓储运输等价值链的中间劳动密集型环节。我们将此 U 形曲线称为

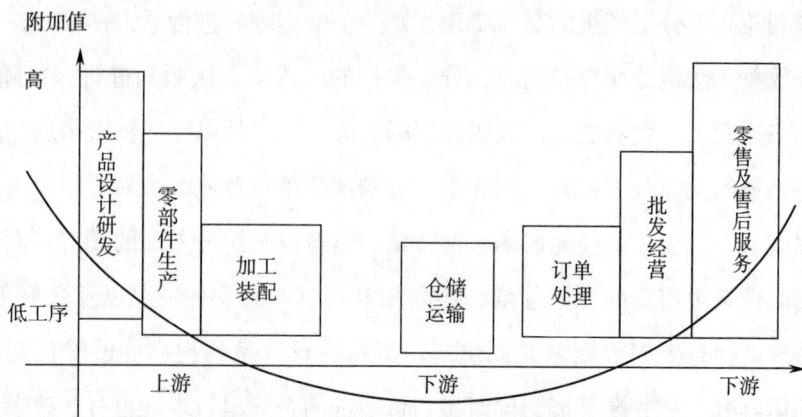

图 2.4　价值链增值的微笑曲线示意图

价值链增值微笑曲线。

在全球价值链分工网络不断深化的过程中，世界各国紧抓全球产业结构重新布局的历史机遇，依托自身在产品链条中某个具体生产环节的比较优势，融入全球生产网络体系，享受着全球化带来的便利。但需要注意的是，因为各国在全球价值链体系所扮演的角色不同，承担的任务和经济发展路径也有所不同。在发达国家跨国主导的价值链中，发达国家往往扮演着领导者和组织者的角色，其企业大多专注于产品的设计研发、关键零部件生产供应以及品牌创新等高附加值环节，相对而言，处于整个价值链的高端位置，并且获取价值链的绝大部分利益，同时将产品一体化生产中的低技术含量、高耗能的诸如加工组装等非核心低端生产环节分离出来，并以外包的形式流转给扮演学习者和跟随者的发展中国家及其企业。因此，发展中国家及企业处于被动治理的位置，处于整个全球价值链体系的中低端环节。所以，国家与企业在融入全球价值链享受合作带来便利的同时，也面临着价值链"地位固化"，本国产业在价值链中的地位未得到提升，反而受到阻碍的风险和潜在危机（刘志彪，2009）。

实现价值链升级主要通过以下四种渠道：流程升级、产品升级、功能升级和链条升级（Kaplinsky et al.，2002）。针对中国制造业努力向全球价值链中高端攀升的需求，商务部研究课题组借鉴以往国家和企业实现价值链升级的成功案例，从国家层面和企业层面出发共总结出 12 条实现价值链升级的路径。通过表 2.2 给出的价值链升级依赖路径方式可知，中国实现向价值链升级的基础是完成产业的价值链升级，从使用劳动密集低端生产要素嵌入价值链，向使用技术密集型生产要素过渡，不断向价值链增值微笑曲线的两端攀升。具体到产品，就是从技术含量低的产品向质量高的产品转变；而价值位置则是由低端价值链向高端提升。事实上，价值链升级的内涵非常丰富和多元，在以往文献中并没有统一明确的定义。实现价值链升级的形式是多样化的，不过有一点是可以明确的，即价值链升级最终落脚点体现在向高附加值率的微笑曲线两端迈进，出口国家以及出口企业的价值链地位得到提升，对外贸易出口产品的技术含量与产品质量由低向高转变。

表2.2 价值链升级依赖路径方式

	价值链升级名称	路径细分
企业层面升级路径	价值链链环的升级	流程升级和要素升级
	沿着价值链的升级	功能升级和向高端收缩
	价值链间的升级	产品升级和链条升级
	沿着价值链向两端扩展	
	供应的升级	
	打造自己的全球价值链	
国家层面升级路径	价值链体系的扩展	价值链体系的集成创造效应和高低位价值链的并存
	价值链的空间延伸	产业转移和价值链体系的整体迁移
	价值链的外部性扩散	
	价值链主导权的获得	
	改变价值链的形态	
	改善价值链发展的基础	

资料来源：节选自商务部研究院主笔的《中国推进全球价值链合作的研究与行动》。

价值链升级的表现形式也是多样的，为了量化价值链升级的实际效果，并同时考虑数据的可得性，我们最终选取了全球价值链地位指数、出口产品质量与出口产品技术复杂程度等指标，从价值链贸易的结构以及出口产品等维度对价值链升级进行刻画。

世界各国之间跨国贸易量飞速增长的一大重要原因是，来自全球生产网络布局背景下，以垂直专业化分工为基础的全球价值链体系的形成（Yi，2003；Grossman and Helpman；2003，2005）。随着各国融入价值链程度的逐渐加深，经济全球化对不同经济体却产生了不同的经济效应，如韩国、中国香港等国家和地区，在20世纪60年代依靠出口导向型对外政策，积极参与价值链体系，逐步实现自身产业结构优化升级。而有些发展中国家，虽然也参与全球价值链国际生产分工，却面临着价值链"地位固化"的现象，使其长期锁定或俘获于价值链低端位置（张杰等，2010；Gereffi and Lee，2012）。可见价值链所处的位置不同，势必影响国家与企业在国际分工中的贸易利得（钱学锋等，

2016）。中国大多数企业由于在全球价值链分工体系中承担加工装配以及配送服务等低技术含量的工作，仍然处于全球价值链的中低端位置（马述忠等，2017）。发达国家将自身技术相对落后、劳动密集型环节，以及低层次的同类差异化小的产品，以外包（Outsourcing）的形式分包给发展中国家。全球价值链国际分工的实质是，有限的资源在世界范围内进行资源再配置的过程（徐毅和张二震，2008；Amiti and Wei，2009）。

改革开放初期的中国，发挥在劳动力要素方面的比较优势，以低技术含量的加工贸易形式，主动嵌入全球价值链体系。经过四十余年的发展，中国已成为世界第一出口大国和第二进口大国，但在国际分工体系中仍然处于从属的地位，国际话语权不高，而那些拥有核心技术的国家，则是国际分工体系的主导者，能够获得相对更多的贸易利益。可见在全球价值链中扮演的角色、承担的任务以及在价值链中所处的位置对价值链地位的提高有着深远的影响。现有研究表明，中国加工贸易比重下降而一般品贸易的占比正逐年提高，说明中国生产活动正在向全球价值链高端攀升，在全球生产网络中的地位有所提高（樊茂清和黄薇，2014）。虽然中国产业中的中低技术制造业在融入全球价值链的过程中，实现了分工地位的提升，但是高技术制造业参与全球价值链的"锁定"效应十分明显（王岚，2014）。苏庆义和高凌云（2015）基于 Antràs et al.（2012）提出的上游度指数，重新评估了中国制造业在全球价值链中的分工位置，结果发现中国制造业出口产品虽然已向上游生产环节转移，但总体来说仍处于全球价值链的中下游位置。同样地，彭支伟和张伯伟（2017）则构建了一个能够刻画中国与世界其他国家之间价值链分工活动的简单两国模型，研究发现自2006年中国的全球分工地位明显改善，但始终处于价值链中低端。近年来，越来越多的专家学者关注中国产业向价值链中高端攀升的问题。如刘斌等（2016）实证检验了制造业水平的提升能够提升全球价值链分工地位。吕越等（2016）则从融资约束的角度探究中国微观制造业企业如何能够实现价值链攀升。王孝松等（2017）研究了贸易壁垒与全球价值链嵌入及全球价值链地位提升之间的影响。田毕飞和陈紫若（2017）构建了考虑创业的内生增长经济模型，认为创业能够显著提高企业在全球价值链分工体系中的地位水平。

中国经济正处于由高速增长向高质量发展的重要过渡转型时期，优化对外贸易结构、实现价值链升级符合以技术进步带动经济增长的客观要求。正如Humphrey and Schmitz（2002）指出的那样，企业作为经济活动最小的微观个体，只有企业实现了升级，才能带动周边产业和国家整体在价值链上升级。而企业要实现价值链升级，首先需要做到的是生产的产品升级，这个过程是指，生产的产品从低技术含量、低附加值向高技术含量、高附加值的升级过渡。当公司凭借高超的熟练技术和生产出高质量的产品，可以向市场供应比竞争对手更高价值的产品，处于领导者的位置，从而实现产品升级。而价值链中的每个环节对生产技术有不同的要求，全球价值链实际上是个技术阶梯。可见，产品升级是企业在价值链中实现升级的重要途径之一，目前仅有少量文献从衡量产品内垂直差异的出口产品质量，或从考查产品间水平差异的出口技术复杂度对价值链升级进行有关研究。Dougherty and Hardy（1996）认为价值链上的企业会通过企业间的密切合作，互补企业之间的技能短板，同时还会增强与更加优秀的企业进行合作的机会，通过学习效应等渠道实现出口产品质量的提升，实现企业创新能力的增强。殷德生等（2011）研究发现贸易开放既能降低贸易成本，实现产品质量升级，又能通过规模经济与技术溢出效应提高产品质量。施炳展等（2013）使用 logit 嵌套模型剔除价格因素后，测算了中国出口产品质量，从产品的质量角度对中国在全球价值链的分工位置进行了评价，最终发现中国出口产品的质量出现下降的趋势。胡昭玲和宋佳（2013）则从出口产品的价格变化程度，探究中国加入世界贸易组织以后在全球价值链地位的变化情况，指出中国在低技术产品层面的分工地位高于高技术产品，但总体的分工地位仍然不高。张杰等（2014）则使用需求结构模型和中国海关数据测算了中国出口产品质量，发现 21 世纪初期中国出口产品质量出现阶段性下降，但总体呈现 U 形变化。Bas and Strauss – Kahn（2015）采用中国企业微观数据研究发现，贸易自由化带动了高质量中间品的投入，进而间接促进了中国本土企业的出口产品质量升级。马述忠和吴国杰（2016）则从中间进口品的视角对出口产品质量进行研究。李小平等（2015）使用指数理论并采用价格分解模型搭建了可比较的出口产品质量指标框架，研究发现中国出口产品质量的整体水平偏低。

另外，还有一些文献是从出口产品技术复杂度的角度，对中国如何实现价值链升级进行研究。杜修立和王维国（2007）构造了一套测算出口产品技术结构的分析方法，测算了 1980—2003 年中国出口产品的技术变化情况，并发现中国出口技术复杂度虽然得到了大幅度的提升，但在绝对水平上仍低于东盟国家。邱斌等（2012）基于 Huasmann et al.（2005）构建的出口技术复杂度指标，测算了中国制造业的出口复杂度情况，结果表明中国制造业在价值链分工中的地位已有明显的改善，并且发现参与全球分工程度的加深带动了企业价值链的升级。唐海燕和张会清（2009）通过跨国数据实证检验了融入价值链国际分工活动与出口产品技术复杂度之间的关系，同样得出两者具有正向关系。戴翔和金碚（2014）使用跨国面板数据检验了在产品内分工的背景条件下，制度质量能够促进一国出口产品的技术水平，而且进一步研究发现产品内分工和制度之间存在相互影响的作用机制，并最终共同促进了一国出口技术复杂度水平的提升。倪红福（2017）则构建了基于生产工序框架测出口技术含量的方法，测算发现中国出口产品的技术水平得到了提升和优化。

第四节　文献评述

在全球价值链生产分工模式日益常态化的今天，产品的不同生产工序阶段分散于世界不同国家和地区进行，这种生产模式日益常态化。在享受融入全球价值链国际分工带来的积极经济正效应的同时，国家和企业所处的契约环境的优劣情况不仅直接影响着价值链贸易往来的频繁程度，而且在实际交易过程中，势必涉及契约的签订和执行。所以，契约环境等制度因素是决定国家以及企业能否顺利开展国际分工合作的重要影响因素之一。通过上述的文献梳理，我们不难发现，全球价值链分工和契约环境两者之间视乎相互制约，又相互影响。因此，如何突破上述制约困境，使企业微观层面乃至国家整体水平向价值链中高端提升具有很强的现实意义。

契约环境、司法执行效率等制度因素也可作为国家以及企业的比较优势来源基础，它们间接影响着企业的出口贸易行为。一方面，全球价值链分工有利于各国（地区）、各产业发挥自身的要素禀赋优势，将有限的资源在全球范围内进行有效配置，降低生产成本并提高经济绩效，生产效率得到提升。另一方面，多阶段专业化生产分工细化，必然使交易费用随之上升。跨国企业在利润最大化和成本最小化双重约束条件下，法律环境质量显然成为企业的组织边界选择中需要考虑的重要因素。在实际生产活动中，上游供应商议价能力往往低于下游生产商，供应商面临被"敲竹杠"（Hold - up）的风险，使得供应商蒙受违约所带来的风险，而法律环境较好的国家或地区，能够在一定程度上有效降低违约发生的概率，适度地缓解上述道德风险行为的发生，进而保证全球价值链分工合作有效的进行，从而间接提升了契约环境较好的本土企业的国际竞争力，实现企业在价值链地位的攀升。另外，随着生产工序技术的进步以及价值链国际分工的逐步细化，价值链高端层次的产品在生产过程中对中间投入品的专业性要求也越来越高，即高端化产品在生产过程中需要较多专用性资产。该部分环节的生产往往伴有技术和知识密集型特征，对交易成本的变化较为敏感。因此，通过优化当地营商环境、扩大对外开放程度等方式，改善契约环境，促进国际分工合作的顺利进行，并最终实现价值链升级的目标。

本书通过梳理以往文献发现，过去大多研究都集中于契约制度的优劣影响着决定出口行为。本书进一步探究制度优势是否体现在价值链位置以及出口产品"质量"等方面。所以，本书尝试将全球价值链国际分工嵌入程度与契约环境纳入企业生产决策模型，用于考查国际分工合作、交易成本与契约环境之间的相互作用对价值链提升的影响（具体影响路径分析框架参见图2.5）。

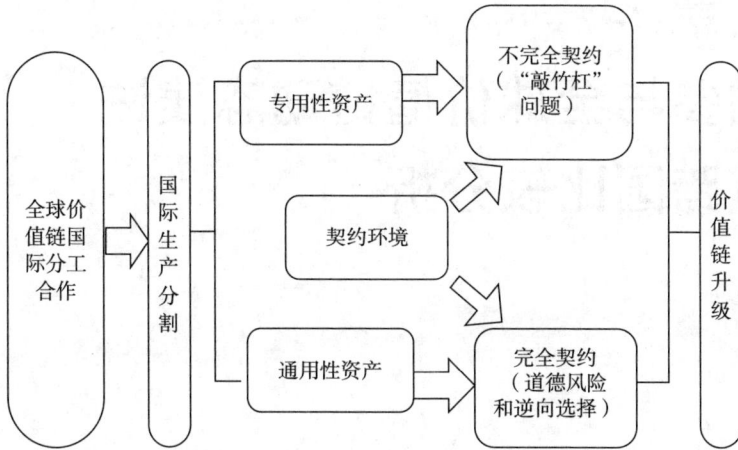

图 2.5 全球价值链分工、契约环境对价值链升级的影响机制与路径

第三章
中国参与全球价值链动态演进
及其跨国比较分析

第一节 引 言

随着中间品贸易的快速增长以及垂直专业化分工的日益细化,世界经济进入了以生产过程分割化和中间品贸易为主要特征的全球价值链时代。以国际分工为基础的全球价值链是在全球范围内对相关产品生产进行布局,其优点在于能够充分地利用各国资源禀赋优势,并最大限度地发挥生产工序中不同环节的规模经济,提升经济发展效率,从而获取更多专业化分工下的经济利益(Antras and Chor,2013;倪红福等,2016)。近年来,Gereffi(1994)、邢予青和Detert(2011)等学者以某一特定微观企业为对象,通过案例分析的形式对全球价值链分工进行研究。与此同时,伴随近年来多国跨区域的投入产出表的编制及其对外公布,行业层面和国家层面的全球价值链国际分工研究也得到了快速发展。

实际上早在20世纪70年代,有关全球贸易活动中中间品贸易量占比急速上升,即垂直专业化(Vertical Specialization,VS)在国际分工中正逐渐占据着主导地位的问题就已经受到了学者的注意。只是由于很难获取满足研究要求的中间品和最终品的实际数据，以往很长一段时间内，国际经济学研究中缺乏基于垂直专业化理论和贸易增加值的思想，系统性地研究国际分工的问题（Baldwin and Venables，2013）。Hummels et al.（2001）指出一国可以通过前向、后向两种方式参与垂直专业化国际分工，并构建了用于衡量参与国际分工程度对应的指标。其中，前向参与国际分工程度是指他国出口中本国价值含量，而用进口中间投入价值占生产出口的比重代表后向参与国际分工程度，并基于单个国家的投入产出表提出 HIY 法，用于测算一国后向参与国际分工的程度。

一方面，Johnson and Noguera（2012）、Wang et al.（2013）和 Koopman et al.（2014）等学者在 HIY 方法的基础上，不断在理论测量方面拓展贸易增加值的测算方法及应用范围。Wang et al.（2013）、Koopman et al.（2014）等从后向关联的方向测算了一国每一行业的贸易增加值出口额，分别提出 KWW、WZZ 贸易增加值分解的方法。它们已经成为全球价值链量化评估及研究的主要方法。两种方法既有联系又有差异，前者仅提供了国家整体层面的垂直专业程度测算方法，而没有提供在多边贸易情况下，任意两个贸易伙伴国之间的双边贸易以及更为细化的部门的垂直专门化程度测算方法。为此，Wang et al.（2013）、王直等（2015）在 KWW 法的基础上，将各个国家及部门之间的异质性问题也纳入投入产出模型，提出了国家和行业的总贸易核算法。WWZ 方法将 KWW 法中涉及的一国总贸易流分解法延伸至部门、双边以及双边部门层面，即将 KWW 法中国家层面贸易区分为增加值出口、返回的国内增加值、国外增加值和重复计算的分解法延伸到国家部门产业层面的贸易出口分解。同时，依据贸易品中价值来源、最终吸收地和使用方式的不同细分为 16 种不同路径，进一步对垂直专业化的结构具有较好的认识。

另一方面，由于单国投入产出表受到本身数据结构不足的影响，无法像跨国投入产出表那样反映出中间品进出口带来的扩散与反馈效应以及国际分工合作信息（Miller and Blair，2009）。而跨国投入产出数据更加细化，记录了每个国家每个行业到最终品生产的贸易流。从横向分析的话，每一个单元格表示国家—行业的产出贡献给其他国家—行业的价值；而从纵向分析的话，每一个单元格表示国家—行业的产出需要从其他国家—行业投入的价值。随着近几年OECD、WTO等组织构建的跨国投入产出表对外公布，跨国投入产出数据能够识别国家间产业和贸易往来关联，进而识别了进口中间品具体用途，为贸易增加值以及全球价值链等方面的研究提供了有力的数据支持。这些研究也已经成为国际贸易领域中备受关注的热点方向之一。

近年来，国内学者也开始从贸易增加值的视角来研究全球价值链问题。平新乔等（2006）基于HIY方法，并结合多张中国投入产出表、联合国进出口贸易等数据首次测算了我国12个部门的垂直专业化程度，并发现1992—2003年中国出口到美国的产品，其垂直专业化程度有较大幅度的提升，垂直专业化率指标从14.77%上升到22.94%。张小蒂和孙景蔚（2006）则利用中国统计局公布的竞争型投入产出表，测算了中国制造业的垂直专业化水平，并得出中国劳动密集型行业的垂直专业化程度普遍低于资本、技术密集型行业的垂直专业化程度的结论。文东伟和冼国明（2010）也在HIY方法的分析框架下测算发现，中国制造业垂直专业化水平从1995年的15.1%上升到2005年的26.1%，十年间垂直专业化率指数增长了72.4%，并且通过跨国对比发现中国参与国际分工的增速显著高于OECD成员，最终得出中国依托在劳动、土地等生产要素的低成本优势，并借助于低附加值的加工装配贸易方式积极融入价值链国际分工体系的结论。而罗长远和张军（2014）、程大中（2015）等学者则分别利用不同机构提供的跨国投入产出数据，分析了中国在全球价值链的地位以及演进过程及出口增加值变化的内在机制。樊茂清和黄薇（2014）基于KWW法对中国进出口贸易进行分解并分析了中国在全球价值链的地位及演进过程。

通过上述对国内外相关文献的梳理发现，基于跨国投入产出分析和出口贸易分解的KWW模型和WWZ模型已经成为研究全球价值链的主要方法。但以上文献都是利用出口分解模型和相应统计指标来评估中国参与全球价值链的程度，正如 Wang et al.（2017）指出的那样，国家经济活动实际上是国内价值链和国际价值链双重运行，经济生产环节日益密切，经济体参与全球价值链的方式具有多样性。这就意味着参与国际分工活动涉及的不只是对外贸易，其实是整个国民经济生产活动均有参与到价值链分工体系中。为此，Wang et al.（2017）从整个国民经济生产活动出发提出了生产分解模型（Decompose Total Production Model），用于分析国家整体以及细分部门等宏观经济层面参与价值链国际分工的程度。本书采用生产分解模型的分解方法并基于 2016 版 WIOD 数据库，测算出 2000—2014 年包括中国在内的世界主要经济体整体以及细分行业的全球价值链前后向参与程度指数并进行跨国比较分析。另外本章还以此为基础，对中国产业经济生产活动参与价值链的程度进行动态分析。

第二节　分析模型与数据

一、生产分解模型的理论基础

生产分解模型分析的基础是投入产出模型，如表 3.1 所示，我们首先对跨国投入产出模型进行简单说明。其中，G 表示国家或地区，N 表示产业部门，Z^{SR} 是一个为 N 行 N 列的中间投入矩阵，其含义是 S 国生产的价值并投入 R 国的中间产品；而 Y^{SR} 则为 $N \times 1$ 的最终产品向量，它的含义是 S 国生产最终在 R 国境内消费的含量；X^S 代表的 $N \times 1$ 的 S 国的最终产出向量。V^S 是 $1 \times N$ 的 S 国直接增加值向量。在这个投入产出模型中，跨国投入系数矩阵 $A = Z\hat{X}^{-1}$，$\hat{X}$ 为产出向量 X 的对角矩阵，增加值系数向量 $V = Va\hat{X}^{-1}$。总产出 X 可分为中间品和最终产品，即 $X = AX + Y$，从中不难得出经典的里昂惕夫方程为 $X = BY$，其中，$B = (I - A)^{-1}$ 为里昂惕夫逆矩阵。

而后，我们再以 S 国的生产活动对生产分解模型进行简要的概述。根据本国生产产品的价值的使用情况，可以得出以下公式：

$$X^s = A^{ss}X^s + \sum_{r \neq s}^{G} A^{sr}X^r + Y^{ss} + \sum_{r \neq s}^{G} Y^{sr} = A^{ss}X^s + Y^{ss} + E \qquad (3-1)$$

该式的含义是中间使用和最终使用构成了总产出，而每项使用根据使用国别，又可分为国内和国外两部分。其中，A^{SS}、A^{SR}分别为本国局部的消耗矩阵和 R 国对 S 国的消耗矩阵，E 为出口向量。公式（3-1）同乘局部逆矩阵 $L^{ss} = (I - A^{SS})^{-1}$，变形为以下形式：

$$X^s = (I - A^{ss})^{-1}Y^{ss} + (I - A^{ss})^{-1}E = L^{ss}(Y^{ss} + E) \qquad (3-2)$$

过去类似于 Wang et al.（2013）的贸易增加值分解法主要是将总出口根据中间品、最终品和最终使用目的国进行分解，这种方法只是对出口进行了分解。而在此我们根据 Wang et al.（2017）的做法，从国家—部门层面的国内增加值（GDP）对生产活动进行前向分解，其分解的具体展开形式如下：

$$(V^s)' = \hat{V}^s X^s = \underbrace{\hat{V}^s L^{ss} Y^{ss}}_{\text{(I) } V\_D} + \underbrace{\hat{V}^s L^{ss} \sum_{r \neq s}^{G} Y^{sr}}_{\text{(II) } V\_RT} + \underbrace{\hat{V}^s L^{ss} \sum_{r \neq s}^{G} A^{sr} \sum_{u}^{G} B^{ru} \sum_{t}^{G} Y^{ut}}_{\text{(III) } V\_GVC}$$

$$= \underbrace{\hat{V}^s L^{ss} Y^{ss}}_{\text{(I) } V\_D} + \underbrace{\hat{V}^s L^{ss} \sum_{r \neq s}^{G} Y^{sr}}_{\text{(II) } V\_RT} + \underbrace{\hat{V}^s L^{ss} \sum_{r \neq s}^{G} A^{sr} L^{rr} Y^{rr}}_{\text{(IIIa) } V\_GVC\_R} +$$

$$\underbrace{\hat{V}^s L^{ss} \sum_{r \neq s}^{G} A^{sr} \sum_{u}^{G} B^{ru} Y^{us}}_{\text{(IIIb) } V\_GVC\_D} + \underbrace{\hat{V}^s L^{ss} \sum_{r \neq s}^{G} A^{sr} (\sum_{u}^{G} B^{ru} \sum_{t \neq s}^{G} Y^{ut} - L^{rr} Y^{rr})}_{\text{(IIIc) } V\_GVC\_F}$$

$$(3-3)$$

表 3.1　　　　　　　　　　G 国家 N 部门投入产出模型

投入\产出		中间使用				最终需求				总产出
		1	2	⋯	G	1	2	⋯	G	
中间投入	1	Z^{11}	Z^{12}	⋯	Z^{1g}	Y^{11}	Y^{12}	⋯	Y^{1g}	X^1
	2	Z^{21}	Z^{22}	⋯	Z^{2g}	Y^{21}	Y^{22}	⋯	Y^{2g}	X^2
	⋮	⋮	⋮	⋱	⋮	⋮	⋮	⋱	⋮	⋮
	G	Z^{g1}	Z^{g2}	⋯	Z^{gg}	Y^{g1}	Y^{g2}	⋯	Y^{gg}	X^g
增加值		V^1	V^2		V^g					
总投入		$(X^1)'$	$(X^2)'$	⋯	$(X^g)'$					

公式（3-3）按照生产以及贸易活动是否涉及跨国方式进行分解，又可将一国生产活动产生的增加值详细地拆分为以下三种类型：满足国内最终需求的增加值（V_D）、包含在最终产品出口中的增加值（V_RT）、包含在中间品出口中的增加值（V_GVC）。其中，V_D仅用于满足本国国内的需求，此部分增加值的产生并不涉及任何国际贸易往来活动，而只是在国内发生；而V_RT部分则用于满足国外的最终需求，该部分增加值的经济活动类似于传统概念中的李嘉图贸易（Ricardian Trade），即最终产品的贸易不涉及跨国迂回生产及其国际分工合作问题；最后，V_GVC则用于国外中间产品中的国内增加值，该部分增加值出口需要在多国之间进行迂回往复，并且根据国内增加值吸收主体的差异，又可将其进一步细分为三个部分：直接被 r 国吸收的增加值（V_GVC_R）、返回到出口国 s 的增加值（V_GVC_D）、间接被 r 国吸收或再出口到第三国的增加值（V_GVC_F）。其中，V_GVC_R是指 r 国利用进口自 S 国的中间品生产最终产品并在 r 国消费；V_GVC_D是指 r 国利用进口自 S 国的中间品生产最终产品或加工成其他中间品，然后直接或通过全球价值链上的其他国家间接出口到 s 国以满足其最终需求；V_GVC_F是指 r 国利用进口自 S 国的中间品生产最终产品或加工成其他中间品，然后出口到 t 国用于消费，或者是由 t 国生产最终产品后再对其他国家出口。而且不同阶段涵盖了不同的经济学含义，表示了不同的跨国生产分工的类型。其中，V_GVC_R仅仅涉及一次跨境增加值贸易，反映浅层次简单的全球价值链前向参与形式（Shallow GVCs），而V_GVC_D和V_GVC_F都涉及至少两次跨境增加值贸易，反映相对深层次复杂的全球价值链前向参与形式（Deeper GVCs）。需要特别说明的是，生产分解模型与之前的代表性贸易增加值分解的文献也存在一定联系。比如公式（3-3）中的（Ⅱ）、（Ⅲa）、（Ⅲc）等多个子项之和，等于 Johnson and Noguera（2012）的 VAX 数量（即满足国外最终需求的国内增加值），而（Ⅱ）和（Ⅲ）之和等于总出口中包含的国内增加值（DVA）。

与上述分解模型相类似，根据投入产出表的列平衡条件，国家—部门层面的最终产品生产也可做如下后向分解（Backward Linkage Based Decomposition）：

$$Y^s = \sum_r^G Y^{sr} = \underbrace{V^s L^{ss} \hat{Y}^{ss}}_{(\text{I})\ Y\_D} + \underbrace{V^s L^{ss} \sum_{s \neq r}^G \hat{Y}^{sr}}_{(\text{II})\ Y\_RT} + \underbrace{\sum_r^G V^s \sum_{u \neq r}^G B^{ru} A^{us} L^{ss} \sum_t^G \hat{Y}^{st}}_{(\text{III})\ Y\_GVC}$$

$$= \underbrace{V^s L^{ss} \hat{Y}^{ss}}_{(\text{I})\ Y\_D} + \underbrace{V^s L^{ss} \sum_{s \neq r}^G \hat{Y}^{sr}}_{(\text{II})\ Y\_RT} + \underbrace{\sum_{r \neq s}^G V^r L^r A^{rs} L^{ss} \hat{Y}^{ss}}_{(\text{III}a)\ Y\_GVC\_R} +$$

$$\underbrace{V^s \sum_{s \neq r}^G B^{sr} A^{rs} L^{ss} \sum_t^G \hat{Y}^{st}}_{(\text{III}b)\ Y\_GVC\_D} +$$

$$\underbrace{\sum_{r \neq s}^G V^r \left(\sum_{u \neq r}^G B^{ru} A^{us} L^{ss} \sum_t^G \hat{Y}^{st} - L^r A^{rs} L^{ss} \hat{Y}^{ss} \right)}_{(\text{III}c)\ Y\_GVC\_F} \tag{3-4}$$

最终产品生产分解模型同样将生产最终产品所使用的增加值分解为三个部分：满足国内需求的最终产品生产所使用的国内增加值（Y_D）、满足国外需求的最终出口品生产所使用的国内增加值（Y_RT）、包含在中间品进口（全球价值链贸易）里的增加值（Y_GVC）。特别需要值得注意的是，与贸易增加值分解中的前后向分解相同，（3-3）式中的 V_D、V_RT 与（3-4）式中的 Y_D、Y_RT 虽然在不同部门之间差异较大，但在部门加总的国家层面则完全相等（王直等，2015）。

Y_GVC 反映一国后向参与全球价值链的规模，按照增加值的来源差异可将其进一步细分为以下三个部分：包含在进口中间品里的 r 国增加值（Y_GVC_R，即 S 国从 r 国进口中间品，用于生产满足国内需求的最终产品，该中间品完全由 r 国生产）、包含在进口中间品里的 S 国增加值（Y_GVC_D，即 S 国最初出口中间品，经过其他国家加工之后再以中间品进口的形式返回 S 国，用于生产满足国内需求的最终产品或再出口）、包含在进口中间品里的 t 国增加值（Y_GVC_F，即 S 国从 r 国进口中间品，用于生产满足国内需求的最终产品或再出口，该中间品由 t 国生产并经 r 国加工后出口到 S 国）。Y_GVC_R 只涉及一次跨境增加值贸易，反映浅层次的全球价值链后向参与形式，而 Y_GVC_D 和 Y_GVC_R 都涉及两次或以上跨境增加值贸易，反映相对深层次的全球价值链后向参与形式。（I）、（II）、（IIIb）之和为 S 国生产最终产品所使用的国内增加值，（Ⅲa）、（Ⅲc）之和为 S 国生产最终产品所使用的国外增加值（FVA）。

简单而言，基于跨国投入产出表提出的生产分解模型是以一国整体国民经济参与全球价值链活动的程度，它不仅可以在国家—部门层面进行加总分析，涉及贸易活动的部分还可以在双边层面、双边—部门层面做进一步的分解，用于分析国家之间在全球价值链中的贸易联系与生产合作关系，这也使该模型成为迄今为止最为系统的剖析全球价值链的研究方法。

根据上述提及的分解方向，又可从增加值的收入（前向）和消费（后向）联系的角度测度国家—部门层面参与全球价值链的比例程度，即全球价值链参与程度指数（Global Value Chain Participation Indexes，GVCPI）。而前向参与指数（$GVCPt\_f$）和后向参与指数（$GVCPt\_b$）分别表示如下

$$GVCPt\_f = \frac{V\_GVC}{\hat{V}X} = \frac{V\_GVC\_R}{\hat{V}X} + \frac{V\_GVC\_D}{\hat{V}X} + \frac{V\_GVC\_F}{\hat{V}X}$$

(3 - 5)

$$GVCPt\_b = \frac{Y\_GVC}{Y} = \frac{Y\_GVC\_R}{Y} + \frac{Y\_GVC\_D}{Y} + \frac{Y\_GVC\_F}{Y}$$

(3 - 6)

根据全球价值链参与形式的差异，还可进一步定义前后向联系的浅层参与指数和深层参与指数，用于度量参与价值链的地位角色。具体分类方式是，根据中间投入品在国家间的流转次数，将仅流转一次的称为浅层次简单全球价值链活动，流转两次及以上的称为深层次复杂全球价值链活动。

$$GVCPt\_f\_s = \frac{V\_GVC_s}{\hat{V}X} = \frac{V\_GVC\_R}{\hat{V}X}$$

(3 - 7)

$$GVCPt\_f\_d = \frac{V\_GVC_d}{\hat{V}X} = \frac{V\_GVC\_D}{\hat{V}X} + \frac{V\_GVC\_F}{\hat{V}X}$$

(3 - 8)

$$GVCPt\_b\_s = \frac{Y\_GVC_s}{Y} = \frac{Y\_GVC\_R}{Y}$$

(3 - 9)

$$GVCPt\_b\_d = \frac{V\_GVC_d}{Y} = \frac{V\_GVC\_D}{Y} + \frac{V\_GVC\_F}{Y} \quad (3-10)$$

最后需要说明的是：公式（3-5）与公式（3-6）分子在全球加总层面之和是相同的，其经济学含义是，全球范围内的总消费支出等于总收入。这一性质与传统的垂直专业化指标具有相似的经济学含义。不过两种指标也有明显的区别：全球价值链参与程度指数是基于国民经济整体参与 GVC 活动范畴而提出的增加值概念，而传统垂直专业化指标涉及的仅仅是出口方面的问题，前者涉及的范围更广，综合考虑了一国整体的经济活动对参与对外贸易活动的依赖程度。

二、 数据说明

本部分测算所使用的数据来源于 2016 年 11 月 WIOD 公布的新版跨国投入产出数据库。相较于 2013 年旧版的 WIOD 数据，新版数据不仅年份有所更新，部门更加细化，而且将产业从原来的 35 个部门扩展到了 56 个（Antràs and Gortari，2017），而且与其他跨国投入产出数据相比，此投入产出数据的一大优势在于它提供的数据较新，为研究中国乃至世界其他各国金融危机时代融入全球价值链的情况提供了数据支持。

第三节　实证结果分析

一、 国家整体层面动态演化趋势比较分析

图 3.1 分别给出了 2000—2014 年前、后两种视角下，世界主要经济体全球价值链参与程度指数的动态变化情况。首先，从整体变化趋势而言，无论是前向分解法还是后向分解法，测得的各国全球价值链参与指数均呈现平稳上升

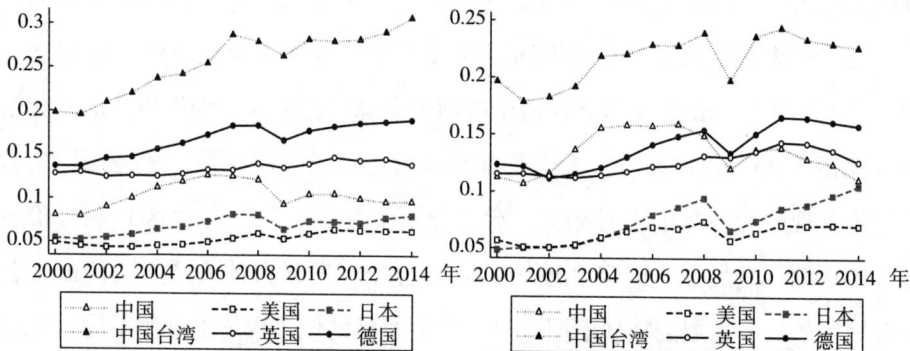

图 3.1　2000—2014 年世界主要经济体全球价值链参与程度指数动态变化①

趋势。说明世界经济往来更加密切联系，以分工合作为背景的全球价值链体系逐步得以完善，各国之间专业化合作分工日趋紧密，全球生产要素得到比过去更加有效的配置，国家之间联系更加紧密，一国对其他国家的依赖程度也相应地提高。但需要注意的是，由于受到 2008 年国际金融危机的影响，全球各国经济萎靡不振，贸易和投资等活动的动力不足，各国指数也随之下降，随后又平稳上升。其次，通过纵向跨国（地区）对比发现，不同国家（地区）参与国际分工的程度存在一定的差异。相对于美国、日本等发达国家和地区，中国全球价值链参与指数相对较高。本书认为产生上述差异的一大原因是，不同经济体的对外经济活动的依存度不同。一方面，像中国在经济发展初期，选择了出口导向型的经济发展战略，通过自身在劳动力、土地等方面的要素优势，抓住全球产业结构等历史机遇，积极参与国际分工合作，致使相应指数偏高。另一方面，诸如美国、日本等发达国家，由于国家内部产业结构比较完善，其跨国公司大多专注于产品价值链的中高端环节，将低附加值、低技术含量的中低端环节以

---

① 图 3.1 中的左侧是基于生产前向分解模型得到的价值链参与程度指数，而右侧则为基于生产后向分解模型得到的价值链参与程度指数。另外，图 3.2 图形的排序与图 3.1 一致，而图 3.2 中的上半区代表的是浅层次的价值链参与程度指数，图 3.2 中的下半区代表的是深层次的价值链参与程度指数，特此说明。

外包的形式参与国际分工生产体系，价值链地位较高，而参与程度往往并不高。

为了更为深入地了解分析不同国家（地区）经济参与全球价值链的变化情况，本书还分别给出了深、浅两个层面的全球价值链参与程度指数的变化情况（见图3.2）。总体而言，无论是参与价值链活动浅层指数，还是深层指数大体均呈现较为明显的上升趋势，此变化更加佐证了各国（地区）参与价值链分工活动日益加深、国家（地区）间的合作越发紧密的关系。同时由于各国各地区的经济发展的特性不同，对外经济贸易的依赖程度也有所不同。通过对比图3.1、图3.2两种不同方法下的参与全球价值链的情况，本书还发现，前向、后向参与价值链指数成正相关关系（见图3.3），侧面说明一国（地区）融入价值链方式的多样性，同时也说明，一国（地区）参与到以垂直专业化分工为基础下的价值链体系当中，不仅涉及本国（地区）经济活动对外依赖

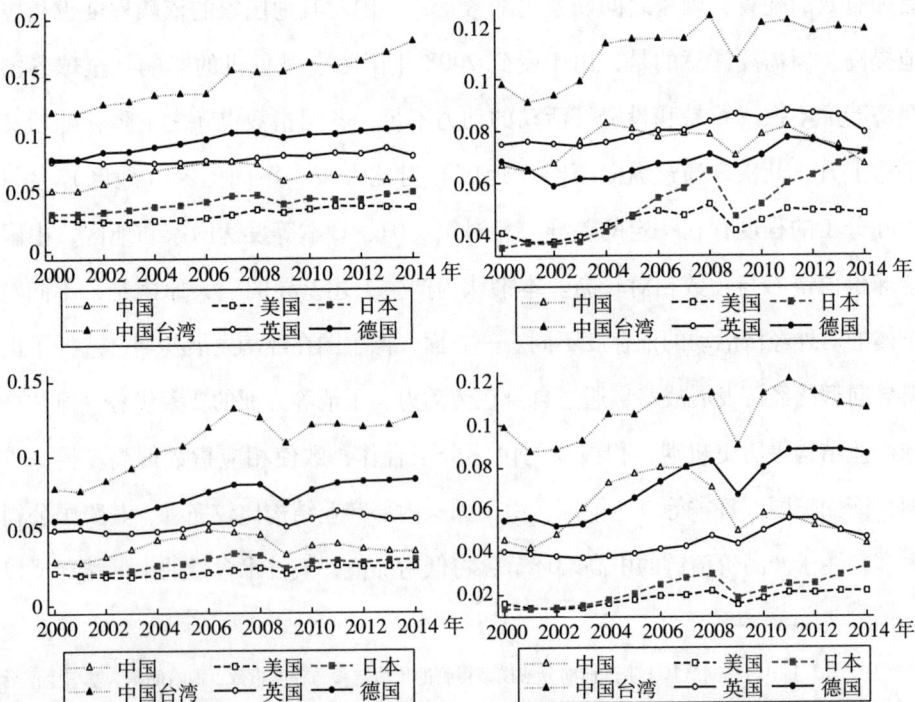

图3.2　2000—2014年世界主要经济体不同形式的价值链参与程度指数动态变化

程度，而且本国经济的活动也会影响到其他经济体。以 2008 年前后美国发生的次贷危机为例，其不仅影响着美国本土的经济发展，也波及了世界其他国家，最终演化为世界范围内的金融危机，说明国家（地区）间的经济联动性日益的紧密（Giovanni and Levchenko, 2010；潘文卿等，2015）。这一现象也在图 3.1 和图 3.2 中均有反映，即在任意国家（地区）的 2009 年这一时间节点上，其全球价值链指数均有不同程度的下降，说明国际生产分工对国际经济周期协动性具有显著的关联。

而后，再从动态演化角度来看中国参与价值链程度的变化，发现在研究样本的初期阶段的 2000—2007 年中国抓住加入 WTO 的机遇，积极融入全球价值链生产体系，前、后两种价值链参与指数均有不同程度的上升。随后与其他国家类似，受国际金融危机影响，2008—2011 年中国前后向参与度指数均出现暂时性下降，但在危机冲击逐渐消退之后开始缓慢回升。特别需要注意的是，2012—2014 年受世界经济形势低迷、贸易保护主义兴起等因素的影响，中国的进出口贸易受到较大冲击，前后向参与度指数出现了不同程度的下降。但整体而言，中国前后两种视角下的参与价值链程度与世界其他国家变化类似，出现较为平稳的上升趋势。前后向参与度的变化趋势也大致相同，均呈现出类似于"M"形态变化，表明随着中国逐渐融入价值链当中，通过资本积累、技术改造升级等过程，使中国制成品出口结构得到了升级和优化，在全球价值链中的地位也得到了一定的提升。

二、　中国产业层面动态演化趋势比较分析

为了更为深入地比较与了解中国参与价值链程度及其动态变化情况，本书对比了四大产业下，中国与全球的全球价值链参与程度的差异（见表 3.2.1 ~ 表 3.2.4）。通过对比发现，虽然从整体变化趋势来看，中国参与价值链的程度呈现上升的趋势，但各个产业参与价值链程度都较低。以 2014 年为例，全球四大产业（农林业、采掘业、制造业、服务业）的前向融入价值链指数分

别为10.7%、48.1%、24.1%和8.7%，而中国仅为5.2%、15.1%、14.0%和7.6%。同样，全球价值链后向参与程度及其细分项的结果也有类似的差距。同时，作为参与国际分工的主导部门的制造业，无论是中国还是世界其他国家平均水平，相对于农林牧渔以及服务业，其参与国际分工合作的程度始终较高。而采掘业由于为其他产业的生产活动提供物资原材料这一特殊属性，致使该产业的前向参与全球化的程度远远高于其他产业。而作为国民经济"黏合剂""润滑剂"的服务业尤其是生产性服务业，在经济活动中的地位越来越重要，也说明了得益于科技信息技术的发展，服务的可贸易性增强，参与国际分工的程度也正在逐步深入和加强（Francois and Hoekman，2009）。

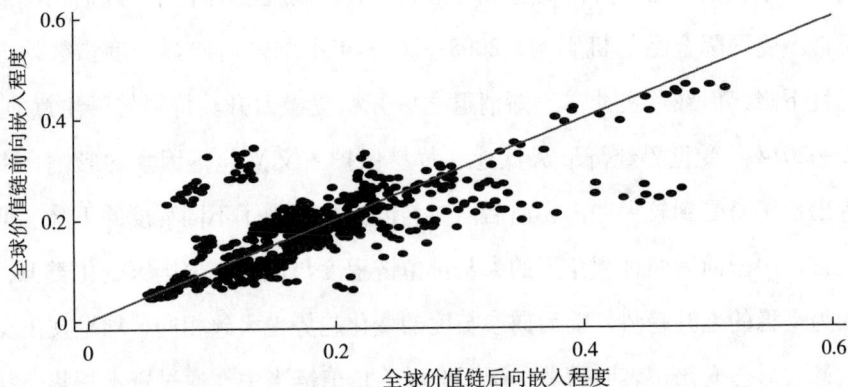

图3.3　世界各国价值链嵌入方式之间的相关系数

表3.2　　　中国与世界平均水平全球价值链参与程度指数比较

表3.2.1　　　区分产业下的世界整体全球价值链前向参与指数　　　单位：%

产业部门	总体参与度			浅层参与度			深层参与度		
	2000 年	2014 年	增幅	2000 年	2014 年	增幅	2000 年	2014 年	增幅
农林业	9.2	10.7	1.5	6.8	7.5	0.7	2.4	3.3	0.9
采掘业	50.3	48.1	-2.2	35.2	30.1	-5.1	15.1	18.0	2.9
制造业	20.4	24.1	3.7	11.9	14.0	2.1	8.5	10.1	1.7
服务业	6.7	8.7	2.0	4.3	5.4	1.1	2.3	3.3	0.9

表3.2.2　　　　区分产业下的世界整体全球价值链后向参与指数　　　单位：%

产业部门	总体参与度			浅层参与度			深层参与度		
	2000 年	2014 年	增幅	2000 年	2014 年	增幅	2000 年	2014 年	增幅
农林业	9.5	10.0	0.6	6.9	6.7	−0.3	2.6	3.4	0.8
采掘业	10.9	11.3	0.4	6.7	8.2	1.5	4.3	3.1	−1.2
制造业	20.6	24.6	4.0	9.5	10.7	1.2	11.1	13.9	2.8
服务业	7.5	10.3	2.8	5.7	7.4	1.7	1.8	2.9	1.1

表3.2.3　　　　区分产业下的中国全球价值链前向参与指数　　　单位：%

产业部门	总体参与度			浅层参与度			深层参与度		
	2000 年	2014 年	增幅	2000 年	2014 年	增幅	2000 年	2014 年	增幅
农林业	3.5	5.2	1.7	2.5	3.4	0.9	1.0	1.8	0.8
采掘业	16.5	15.1	−1.4	10.4	9.6	−0.8	6.1	5.6	−0.5
制造业	10.8	14.0	3.2	6.6	8.6	2.0	4.2	5.4	1.2
服务业	6.8	7.6	0.8	4.5	4.9	0.4	2.4	2.7	0.3

表3.2.4　　　　区分产业下的中国全球价值链后向参与指数　　　单位：%

产业部门	总体参与度			浅层参与度			深层参与度		
	2000 年	2014 年	增幅	2000 年	2014 年	增幅	2000 年	2014 年	增幅
农林业	5.5	5.1	−0.4	4.0	3.8	−0.2	1.4	1.3	−0.1
采掘业	7.2	11.3	4.1	5.2	6.9	1.7	2.0	4.3	2.3
制造业	15.8	15.2	−0.6	7.1	6.8	−0.3	8.7	8.4	−0.3
服务业	9.8	9.4	−0.4	7.0	6.8	−0.2	2.8	2.6	−0.2

　　然而通过比较两种视角下的中国参与价值链程度指数发现，中国各大产业的后向参与度指数往往高于前向参与度指数，即中国更多的是以后向参与的方式融入价值链。其原因可能是，中国以低附加值、低技术含量的加工装配贸易方式积极参与价值链国际分工活动，进口中间品经过加工装配后，再出口的生产与贸易，整个生产活动工序中的较多环节对其他国家（地区）的依赖程度较高，自身增值能力较低。而另一方面由于技术、资本等方面的约束，以中国主导的价值链经济活动相对较少，致使中国前向参与价值链的程度也较低。可见中国在整个价值链的位置相对较低。同时从中国各大产业增幅的角度来看，中国前向参与价值链程度的表现明显优于以后向参与价值链的程度，尤其以制

造业的表现更为明显。且前向深入参与价值链的增幅也增长较快。说明中国制造业在全球价值链中的角色正在从"价值输入"逐步转向"价值输出",以加工贸易推动转型升级的工作取得了初步成效。相对制造业而言,虽然服务业参与全球价值链分工的比重也有所增加,但比重远小于制造业水平。

三、 中国制造业和服务业细分行业情况下的动态演化趋势分析

考虑到不同行业在融入价值链方式上的差异性,不同产业往往处于价值链不同的位置。鉴于此,我们还测算了中国56个细分行业不同方式下的融入价值链程度情况(见表3.3和表3.4)[①]。数据显示,制造业和服务业参与价值链国际分工的程度均呈现出加强的趋势,这一结果与上文分析的结果基本一致。侧面说明了中国各个产业已较好地通过经济生产活动的供给和需求两个渠道途径融入全球价值链体系。

表3.3　　　　中国制造业细分部门全球价值链参与指数变化情况[②]　　　单位:%

行业代码	全球价值链前向参与指数					全球价值链后向参与指数				
	2000年	2006年	2012年	2013年	2014年	2000年	2006年	2012年	2013年	2014年
C5	3.15	5.57	4.70	4.64	4.72	7.07	10.56	8.76	8.29	7.43
C6	9.09	14.16	11.69	12.00	12.27	16.50	17.77	11.59	11.25	10.12
C7	9.27	17.34	13.20	12.96	13.22	12.50	16.69	13.40	13.57	13.25
C8	13.66	17.34	17.84	17.62	17.89	14.25	18.81	16.89	16.33	15.58
C9	13.08	15.67	14.31	13.52	13.57	12.97	17.24	14.29	13.97	13.01
C10	16.15	20.53	15.89	15.68	15.71	14.76	25.59	28.70	26.80	23.86
C11	16.62	26.55	20.47	20.05	20.54	17.74	24.87	21.43	20.40	18.36
C12	3.58	9.11	6.38	5.91	5.79	9.89	13.47	10.61	10.13	9.24
C13	17.86	28.66	21.51	21.25	21.20	17.73	25.34	19.17	18.31	16.71
C14	7.27	10.80	9.29	9.46	9.17	12.30	17.95	16.74	16.17	14.52
C15	16.11	23.32	15.64	15.64	16.27	15.36	21.52	23.45	23.68	20.88
C16	14.38	27.28	18.20	18.20	18.32	15.68	19.60	18.93	19.25	16.77

---

① 具体行业代码对应表参见附录一。

② 本书将制造业和服务业中全球价值链参与指数为0的行业删除,未列示出来。另外,本书同样利用了2013版WIOD数据测算了中国制造业和服务业全球价值链参与指数,烦请参见附录二。

续表

行业代码	全球价值链前向参与指数					全球价值链后向参与指数				
	2000年	2006年	2012年	2013年	2014年	2000年	2006年	2012年	2013年	2014年
C17	18.35	27.64	24.82	26.88	27.04	29.81	39.22	31.10	30.60	27.87
C18	14.41	21.22	17.47	17.80	18.48	18.02	24.29	21.51	21.56	19.02
C19	7.30	13.75	12.74	12.68	13.13	15.10	21.47	19.18	19.03	16.87
C20	6.93	12.34	7.86	7.95	8.11	14.50	21.72	16.98	16.50	14.87
C21	8.33	12.30	5.80	6.03	7.13	17.24	22.84	20.00	19.31	17.32
C22	7.24	12.64	13.89	14.02	15.90	11.62	13.24	11.44	11.87	11.10

表3.4　　　　中国服务业细分部门全球价值链参与指数变化情况　　　　单位：%

行业代码	全球价值链前向参与指数					全球价值链后向参与指数				
	2000年	2006年	2012年	2013年	2014年	2000年	2006年	2012年	2013年	2014年
C24	9.73	16.26	12.22	12.09	12.29	14.17	19.19	20.12	19.04	16.86
C25	8.25	12.41	6.71	6.66	6.86	12.40	13.86	11.38	10.85	9.74
C26	2.30	7.14	10.54	10.05	10.75	13.08	17.24	12.02	11.51	10.39
C27	0.69	0.54	0.86	0.97	0.86	12.80	17.26	15.71	15.43	13.64
C29	11.86	16.95	16.86	15.05	14.94	9.06	6.61	5.32	5.10	4.71
C30	11.86	16.95	16.86	15.12	15.02	9.06	6.61	5.32	5.10	4.71
C31	10.50	14.54	12.70	12.06	11.82	6.53	10.91	8.96	8.36	7.42
C32	14.65	27.63	24.41	21.92	20.61	9.24	14.17	11.55	10.69	9.43
C33	25.55	39.58	30.87	27.48	25.40	10.55	19.78	19.93	18.57	16.87
C34	5.79	7.90	14.53	13.71	13.48	10.71	13.80	11.77	11.01	9.85
C35	8.77	12.62	7.82	7.27	7.04	9.72	12.68	8.25	7.86	7.21
C36	6.90	10.37	6.60	6.25	6.32	6.51	8.81	6.62	6.18	5.54
C39	7.09	7.88	4.47	4.21	4.10	8.36	12.40	6.94	6.74	6.02
C40	9.67	10.46	9.56	9.37	8.01	22.40	19.80	14.00	13.60	12.29
C41	7.47	12.07	10.31	9.95	10.06	2.95	4.57	3.47	3.37	3.19
C42	10.11	11.00	9.16	8.00	8.36	7.37	11.51	6.64	6.43	6.15
C44	1.94	3.33	3.65	3.38	3.43	4.25	3.85	1.86	1.79	1.66
C45	23.81	23.82	22.34	20.05	19.88	14.92	19.07	13.38	12.83	11.72
C47	1.61	12.79	11.55	11.57	12.10	14.27	18.94	11.91	11.52	10.40
C49	2.97	10.93	5.37	5.49	5.67	6.31	14.27	12.94	12.50	11.24
C50	9.37	4.92	6.03	5.38	5.37	10.85	14.02	9.68	9.19	8.31
C51	0.15	0.28	0.68	0.64	0.73	7.62	8.61	7.25	6.96	6.37
C52	0.64	1.16	0.57	0.55	0.59	7.85	8.88	7.38	7.05	6.42
C53	0.61	1.70	0.44	0.42	0.44	8.31	12.23	8.71	8.26	7.50
C54	8.28	10.63	5.96	5.67	5.62	12.71	12.76	9.99	9.58	8.76

通过比较不同方式参与价值链程度指数发现，全球价值链前向参与度较高的行业主要集中在上游中间投入部门或者部分服务行业。后向参与度较高的行业主要是从事后端装配和深加工的装备制造等行业。以 2014 年数据为例，在制造业中全球价值链前向参与度较高的行业为 C17（计算机、电子及光学设备制造业）、C13（橡胶及塑料制品业）和 C11（化工产品制造业），其数值分别为 27.04%、21.20% 和 20.54%。而 2014 年全球价值链后向参与度较高的行业则分别为 C17（计算机、电子及光学设备制造业）、C10（炼焦及石油业）和 C15（基本金属制品业），其数值分别为 27.87%、23.86% 和 20.88%。上述行业不仅是中国国际化程度最高的行业，也是推动制造业信息化、现代化发展的核心产业部门，并且所有制造业部门的价值链前向、后向参与度都有不同程度的提升。这反映出中国加入世界贸易组织以来，制造业正在全面积极地融入全球价值链，前端中间品生产和后端加工制造的工序都在逐步延伸，中国的"世界工厂"地位和角色日渐增强。

本书还列示出了 2012—2014 年全球经济危机后期，中国产业参与全球价值链的变化情况。对比发现，多数制造业部门的全球价值链前向参与程度基本维持不变，但是 C17（计算机、电子及光学设备制造业）部门的该项指数则从2012 年的 24.82% 平稳上升到 2014 年的 27.04%，反映出我国先进制造业稳步提升国内附加值，克服了国际贸易环境低迷形势的不利影响，引领制造业部门的结构升级。与此同时，所有行业的后向参与度都有不同程度的下降，意味着国内生产活动对国外增加值的依赖全面减弱。

经济效率的高低不仅取决于自身产生活动本身的效率情况，而更加取决于不同生产活动之间的建立的密切关联（Riddle，1987；程大中，2008）。制造业在全球价值链地位不断提升的同时，诸如 C41（金融服务业）、C31～C33（交通运输业）等一系列生产性服务业的前向参与价值链融入指数也随之上升。通过生产性服务这一纽带，加快了制造业服务的进程。另外，由于服务业难以直接出口，大多服务价值依附于制成品中随之出口，而我们注意到中国产业中的 C47（科学研究和发展）和 C49（其他科学技术）等科技行业的前向参与度出现了明显的提高，它们分别从 2000 年的 1.61% 和 2.97% 提升到了 2014 年的 12.10% 和 5.67%。说明这些部门的价值隐含于制造业部门中参与到国际分工合作当中，说明制成品出口产品的研发要素投入增加，出口成品的技术质量得到了提升，生产性服务业和制造业部门相互融合过程愈发紧密，支持制造业部门在全球价值链中的地位得到了"质"的提升。

第四节　本章小结

以往对全球价值链的研究，大多仅从增加值贸易的出口角度出发，忽略了国民经济活动其他环节在价值链中的影响。为此，本章采用 Wang et al.（2017）提出的生产分解模型并基于 2016 版 WIOD 数据，从前向联系和后向联系两个维度视角分析并测度了 2000—2014 年中国整体以及细分 56 个行业部门的全球价值链情况。研究表明：包括中国在内的世界主要经济体无论是在总体国家层面，还是在细分产业层面，全球价值链参与指数均呈现出较为平稳的上升趋势，并且全球价值链前向参与指数提升的程度更为明显，中国在全球价值链中的地位得到了一定的改善。

第四章
理论模型的建立和假说的提出

Hausmann et al.（2007）、Baldwin and Yan（2014）、祝树金等（2010）、吕越等（2017）国内外学者研究发现：参与国际分工能够通过技术转移与技术扩散效应、进口中间品的技术外溢效应以及竞争效应等，影响出口企业的生产率水平，进而影响其价值链升级。Nunn（2007）、李坤望和王永进（2010）和余淼杰等（2016）的研究表明，契约制度可以作为对外贸易活动的动力源泉，影响企业出口行为。而 Acemoglu et al.（2007）研究发现，在不完全契约的条件下，契约环境能够通过企业获得特定投资关系的中间投入品，影响企业生产技术效率。上述两分支文献，分别从参与全球价值链国际分工程度和契约环境两个维度分析了对企业在技术选择、生产率等方面的研究。可见，契约环境质量的优劣直接影响企业对于最优技术的选择和投资决策，并对契约密集度高行业的经济绩效影响更为明显。处于价值链越高端的产品，在其生产过程中，往往需要大量定制化中间品作为生产投入。可见，高层次的国际分工合作具有较高的进入门槛，对生产技术要求也格外严格。显然，它们对契约制度质量的要求越高，契约环境对它们整个生产活动影响更为明显。所以，本章首先回顾上述文献，从理论角度阐述全球价值链分工、契约制度环境对价值链升级的传导机制。然后，在上述文献的基础之上，试着构造全球价值链分工、契约环境与价值链升级的理论模型，探究契约环境是否间接影响着企业参与国际分工，并从国际分工和契约环境视角探讨如何实现价值链提升。

第一节 融入国际分工与价值链提升的理论分析

一、 融入国际分工对价值链提升的影响机制分析

随着运输与通信技术的飞速发展，贸易成本显著下降，贸易壁垒逐步消除，使以垂直专业化为基础的全球价值链国际分工改变了世界商品与服务的组织形式。随着全球价值链分工体系的日益完善，各国对本国产业结构也进行相应的调整，国际边际产业整体转移与价值链边际环节转移效应，使资本、技术与中间品在全球范围内频繁流动，分工成为国际范围内整合资源获得竞争优势的有效途径，且呈现出更加多元化的表现形式。价值链国际分工通过以下四个渠道影响着微观企业、国家整体在价值链中的地位与位置。

首先，全球价值链分工推动贸易与投资便利化和自由化的进程。Athukorala et al. （2011）认为全球价值链分工加深了西欧、东亚和北美三个全球生产网络相互的依赖性，参与垂直专业化分工的国家与地区间基于全球价值链往往更容易签订区域贸易协定（RTA）或双边投资协定（BIT），多边贸易体制也达成"巴厘一揽子协定"，在推动贸易便利化与市场准入方面取得重大突破，进一步推动贸易自由化程度。Orefice and Rocha （2014） 也认为一体化成员之间创造了生产网络，更愿意签订更高程度的贸易协定。

其次，全球价值链分工降低交易与贸易成本。国际生产分割会降低运输与交易成本，搜寻、监管与国外活动的外包管理成本的降低，以崭新的方式开发出专业化收益，这种模式改变了以前基于要素禀赋差异的企业边界理论分析框架。技术先进母国从低技能分支机构所在国进口中间投入比从母国采购体现出更低的交易成本、低技能工人更低工资水平和更低的企业所得税率。基于ICT技术提升的物流服务增加了中间品贸易的及时性与效率提升，同时空运与通信技术发展极大地促进了世界范围内经济联系，空运方式在零部件贸易中被普遍

使用并占据当今国际贸易主体（Hummels et al.，2013）。

再次，全球价值链分工能够促进技术溢出和服务贸易发展。全球生产网络内部的上游企业愿意向下游企业转移知识，希望保证产品质量和生产的顺利进行，使其掌握生产相关半成品或者零部件的技术和管理知识，从而提高整个价值链条各个环节整体技术水平以适应产品升级的需要。采购的技术含量越大，联动的当地产业链条越长，表明产业关联对后进国家技术溢出效应越明显。金融、计算机信息、商业等专业服务快速电子传输极大地促进了其国际间的可贸易性，且以高带宽为代表信息通信技术的巨大发展带来了新型服务贸易发展，能够跨越国家间时区差异，允许商业活动不间断操作。融入全球价值链已成为技术扩散的途径（Jabbour，2011），而技术效率差异决定了垂直专业化分工形态（Costas and Ananth，2009）。Amighini（2005）分析了中国 ICT 企业参与垂直专业化分工后认为中国从低端加工装配起步，从技术扩散中获益，可以独立生产高技术含量的中间品，对产业升级产生了积极影响。通过参加垂直专业化分工与贸易体系，决定了跨国厂商或跨国公司内部中间品贸易的存在，从而产生物化的技术外溢，接受国外企业先进技术的创新辐射，推动技术进步。

最后，全球价值链分工提高了企业生产率并带来了规模经济效应。从动态效果看，全球价值链分工建立在各国特定产品不同工序的比较优势上，扩展了比较优势范围，通过优化资源配置，实现各生产环节的规模经济，有利于提高全员劳动生产率和产业技术水平，从而节约生产成本、提高生产率，并提升国际竞争。企业选择垂直专业化分工比公平交易体现出更高的生产率，且外包企业比采购国内中间投入的企业生产率更高，因为公司内部贸易主要集中在资本、技术密集产品（Antràs and Helpman，2004）。

所以，在全球价值链国际分工的大背景下，国际贸易、FDI 与国际产业转移是影响一国产业国际竞争力的重要路径，通过生产、技术与市场三个环节共同作用于要素积累、技术溢出与市场扩大效应，推动该国比较优势变迁，带来开放部门（对外贸易行业）结构优化，并通过价格、产业链和竞争传导机制推动其他非开放产业结构优化从而实现全球价值链地位提升（见图4.1）。

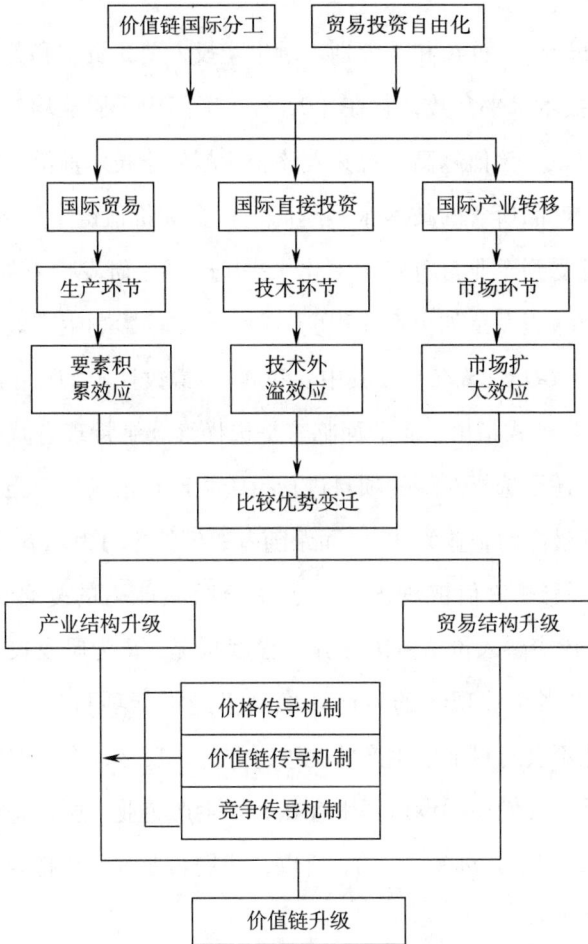

图4.1　价值链分工影响产业价值链升级的理论机制分析框架

二、 基于成本发现模型下国际分工对价值链升级的数理分析

首先，以 Hausmann et al.（2007）提出的成本发现模型（Cost Discovery Model）分析框架为基础，从微观视角探讨出口企业参与国际分工对价值链升级的作用机制。其次，假设出口企业的规模报酬不变，技术进步满足希克斯中

性，且出口企业的生产函数为柯布—道格拉斯函数：

$$Y = AK^{\beta}L^{1-\beta} \qquad\qquad (4-1)$$

其中，Y 表示总产出，而 K 和 L 分别表示生产投入要素资本和劳动，并且 $\beta \in (0,1)$。而 A 为技术水平参数，它在 $[0, m]$ 区间内，服从均匀分布。m 表示该企业的技术禀赋，该值越高，意味着该企业越处于技术前沿，生产效率也就越好，生产出的产品所含的技术水平越高，在全球价值链中所处的位置越高。另外，m 的高低受到企业自身资本深化水平（K/L）、研发投入强度（R）、价值链的治理结构（G）以及诸如市场化程度、人力资本等影响生产效率的其他因素（O）。因此，$m = GOR^{\rho}(K/L)^{\partial}$，其中 ρ 和 ∂ 为常数且 $\rho \geqslant 0, \partial \geqslant 0$。

"成本发现"模式指出，企业面临着是选择继续维持现有状况充当行业中的追随模仿者，还是选择对新的项目进行投资生产在市场中充当领导者。假定行业中生产效率最高的企业为 $A^{\max}$，而跟随者的模仿能力为 $\delta, \delta \in (0,1)$，并且模仿能力是融入全球价值链程度与企业学习吸收能力的复合函数，即 $\partial = T^{\delta}R^{\theta}$。其中，$T$ 代表融入价值链国际分工程度状况，R 为研发投入强度，其中 $\theta \in (0,1)$。所以当企业现有的生产效率高于选择新项目生产的效率时，即 $A_i \geqslant \partial A^{\max}$，企业不会对目前的生产状况进行调整；反之，企业将投资生产新产品的项目。另外，我们还假设市场中存在 n 个生产企业，所以企业生产效率的预期期望为 $E(A^{\max}) = mn/(n+1)$。所以，我们企业选择维持现状与投资新项目的概率分别如下：

$$prob(A_i \geqslant \partial A^{\max}) = 1 - \frac{\partial E(A^{\max})}{m} = 1 - \frac{\partial n}{n+1} \qquad (4-2)$$

$$prob(A_i < \partial A^{\max}) = \frac{\partial E(A^{\max})}{m} = \frac{\partial n}{n+1} \qquad (4-3)$$

而两者对应的生产率期望则分别如下

$$E(A_i \mid A_i \geqslant \partial A^{\max}) = \frac{1}{2}[m + \partial E(A^{\max})] = \frac{1}{2}m\left(1 + \frac{\partial n}{n+1}\right) \quad (4-4)$$

$$E(A_i \mid A_i < \partial A^{\max}) = \partial E(A^{\max}) = m\left(\frac{\partial n}{n+1}\right) \qquad (4-5)$$

综上所述，本文可以得到整个出口企业的平均预期生产率

$$E(A) = \overline{A} = \frac{1}{2}m\left[1 + \left(\frac{\partial n}{n+1}\right)^2\right] \tag{4-6}$$

将 m 与 ∂ 代入式（4-6）中，便可知该出口企业的生产率水平 A 的决定函数

$$E(A) = \frac{1}{2}\left[1 + \left(\frac{T^{\delta}R^{\theta}n}{n+1}\right)^2\right]GOR^{\rho}(K/L)^{\partial} \tag{4-7}$$

所以，通过式（4-7）可知，出口企业的生产率水平与融入价值链国际分工程度成正比，并以此影响企业在价值链中的地位。

第二节　不完全契约环境下的企业投资与技术选择行为的理论分析

一、模型建立的基本思路

Acemoglu et al.（2007）基于不完全契约框架，分析了微观企业投资行为对技术选择（Technology Adoption）的影响。他们的研究指出，技术越前沿的产品，生产工序越复杂，这些投入中间品的资产专用性程度往往也越强。另外，生产所需的中间品之间又存在相互替代的关系。根据 CES 生产函数的数理性质可知，中间品之间的替代弹性为 $1/(1-\alpha), \alpha \in (0,1)$。其中，$\alpha$ 表示中间品之间的互补强弱关系，该数值越大，说明替代弹性越大，那么中间品之间的互补性就越弱，这也意味着该种产品的资产专用性就越差。需要说明的是，不同行业的资产专用性是有差异的，对契约制度的依赖程度也有所不同。例如，面粉在生产过程中，需要的往往只是高度同质化的产品，小麦作为中间投入，生产过程中对中间投入的资产专用性要求不高，而像苹果手机需要的中间投入品，则需要高度定制化的中间投入材料。所以，技术复杂程度高、生产工

序烦琐的产品多半需要与它的上游供应商签订委托生产合同。上游供应商生产的中间投入品一般具有多种用途，那么 $j \in (0,1)$，且每种用途 j 的投资函数为 $x(i)$。在实际签订合同活动中，$0 < j < i$ 部分往往是可以由事先预想实现的，而 $j < i < 1$ 的部分是无法通过签订的合同条款约束的。不能用合同约束的比重越高，整个生产过程中的契约不完备性也就越高，违约风险相应也就越高。不完全契约理论（GHM）模型的核心结论指出，不完全契约最终导致投资低效率行为的出现。其具体作用机制是，由于 $j < i < 1$ 的部分无法用签订的合同条款来约束，使事后收益只能通过再谈判的方式对售后收益进行再分配。生产商在利润再分配的谈判中，可以压低那些中间投入的价格，出现"敲竹杠"问题，上游供应商的谈判议价能力被压制，供应商的利益受到损害。上述情况一旦出现，供应商的事前专用性中间品的生产投资将被抑制，从而出现投资不足或投资效率低下的现象。于是那些无法事先在合约中签订的部分，就需要法院等第三方公正裁决机构的介入。通常情况下，契约制度环境越优良的国家和地区，应对违约出现时的措施越完善，企业面临违约后的事后处罚概率和违约成本也就越高，进而抑制了厂商违约行为的发生。所以，契约制度环境优劣是企业是否选择进行资产专用性投资考虑的重要因素。简单而言，企业实际在了解自身所面临的客观环境下，运用博弈论中的逆向归纳法最终得到一个效用最大化的子博弈纳什均衡解。

通过上述论述分析可知，契约制度质量的高低将对那些对契约程度依赖高的国家和企业有着极为深远的影响。对于契约质量依赖程度越高的企业和行业，越需要良好的契约制度来维护本企业对技术的选择。上述结论实质上与Levehenko（2007）、Nunn（2007）等学者的研究结论一致，都指出了契约制度如同其他生产要素一样，可以作为比较优势的源泉影响对外贸易活动行为。不完全契约理论指出，由于契约合同的不完备性，进行资产专用性生产的一方无法得到生产过程中应有的收益，从而出现投资低效率（Unde – investment）现象。所以，通过提高契约环境的质量，能够有效监督下游生产商对上游供应商的"敲竹杠"行为的出现，进而提高供应商的投资效率。

二、 不完全契约环境下的企业投资与技术选择的数量分析

基于上一部分对模型基本思路的梳理脉络，本部分在 Acemoglu et al. (2007) 研究的基础之上，简要分析不完全契约背景下的企业投资行为决策问题。

假设 A 企业根据实际客观环境及自身情况，决定进入生产 B 产品的 C 行业，生产 B 产品需要两种中间产品 b_1 和 b_2，其中 b_1 为生产 B 产品的专用性产品，而 b_2 为通用性产品。在不同行业，对于专用性产品 b_1 的投入程度具有异质性差异。而专用性产品 b_1 的投入程度则可以表示为 φ_i，而 $\varphi_i \in (0,1)$，它的数值越大，说明在生产最终品 B 需要较多的专用性产品 b_1，也意味着在生产合约签订中，有较大比例是无法用合约来维护的，下游供应商存在较大的违约概率。合约不完备的存在，需要生产企业所在的法律制度环境对其潜在行为进行约束。于是，假设上游供应企业 A 在生产产品 B 时，需要与最终下游生产企业 D 签订一份生产合约。不过由于契约存在不完备属性，合同存在违约的可能性。正如前文分析的那样，类似于 D 一般的下游生产企业谈判议价能力高于上游中间品供应企业，一旦企业 D 选择违约，上游企业 A 将面临着固定成本投资受损的风险。所以，作为中间生产商 A 企业的生产函数可以表示为

$$F(\varphi_i, I, \eta) = (1 - \varphi_i)f[I(\varphi_i, \gamma)] + \eta\varphi_i f[I(\varphi_i, \gamma)] \qquad (4-8)$$

其中，$I(\varphi_i, \gamma)$ 表示中间生产商 A 的投资量，它是专用性资产合约密集度（Contract Intensity）φ_i 和契约制度质量 γ 构成的复合函数。所以等式中的 $(1 - \varphi_i)f(I(\varphi_i, \gamma))$ 代表的是生产企业 A 不需要涉及合约密集度有关产品的投入产生的产出。而 $\eta\varphi_i f[I(\varphi_i, \gamma)]$ 则意味着需要合约密集度产品生产的产出。式子中的 η 是一个哑变量，当契约执行时其数值为 1，而当契约不发生的话，其数值则为 0。另外，为了便于数理分析，本书还作了如下假设：企业 A 的生产函数为凸函数，则其拥有 $f'(I) > 0, f''(I) < 0$ 的数学性质。最后，还假设每

单位产品的固定投资成本恒为 1，对于通用性产品 b_2 的需求量和市场价格分别为 Q 和 1，最终产品 B 的市场价格也为 1。那么企业生产商 A 的期望利润函数则为

$$E\pi = \gamma[f(I) - Q] + (1 - \gamma)(1 - \varphi_i)f(I) - I \qquad (4-9)$$

其中，$E\pi$ 代表生产商 A 的期望利润，$\gamma[f(I) - Q]$ 表示契约执行情况下的收益水平，$(1 - \gamma)(1 - \varphi_i)f(I)$ 表示契约未被执行条件下的企业收益状况。将以上期望利润函数对投资求导，即 $dE\pi/dI = 0$，得到厂商利润最大化的一阶条件为

$$(1 - \gamma)(1 - \varphi_i)f'(I) - 1 = 0 \qquad (4-10)$$

由上述一阶条件，便可以得到厂商 A 的最优投资额的数目为 $I^*(\varphi_i, \gamma)$。随后，再对最优投资额的数目为 $I^*(\varphi_i, \gamma)$ 对契约制度环境 γ 求导，并得到如下形式

$$\frac{dI^*(\varphi_i, \gamma)}{d\gamma} = \frac{-\varphi_i}{[1 - \varphi_i(1 - \gamma)]^2 f''(I)} \qquad (4-11)$$

又因为生产函数的二阶段具有 $f''(I) < 0$ 的数学性质，所以有

$$\frac{dI^*(\varphi_i, \gamma)}{d\gamma} > 0 \qquad (4-12)$$

所以，$dI^*(\varphi_i, \gamma)/d\gamma > 0$，以上式子的经济学含义是，当契约制度环境越好，违约成本就越高，上游供应生产商面临着"敲竹杠"的风险也随之降低，这些企业将会进行投资的概率就变大。即契约环境的改善，能够抑制投资无效率现象的发生。

最后，再将生产企业 A 的最优投资额 $I^*(\varphi_i, \gamma)$ 对专用性资产合约密集度 φ_i 和契约质量环境 γ 求偏导，并经过整理可得

$$\frac{d^2 I^*(\varphi_i, \gamma)}{d\varphi_i d\gamma} = \frac{-f''(I) - \varphi_i(1 - \gamma)\dfrac{[2f''^2(I) - f'(I)f'''(I)]}{f''(I)}}{\{[1 - \varphi_i(1 - \gamma)]^2 f''(I)\}^2} \qquad (4-13)$$

又因为 $f''^2(I) - f'(I)f'''(I) > 0$；$f'(I) > 0$；$f''(I) < 0$，所以可以得到如下结论：

$$\frac{\mathrm{d}^2 I^*(\varphi_i, \gamma)}{\mathrm{d}\varphi_i \mathrm{d}\gamma} > 0 \qquad\qquad (4-14)$$

所以，式（4-14）的经济学含义为，行业的契约密集度越高，契约质量环境对资产专用性强的生产中间商的最优投资量的影响就越大。

根据以上数理模型的推导可知，契约密集度越高的行业，对契约环境质量的要求越敏感。一方面，如 Acemoglu et al.（2007）研究指出，契约的不完备性制约着中间商企业的最优投资决策水平，尤其对资产专用性越高的企业和行业影响更大。当上游生产企业投资不足或出现低效率现象时，企业的实际所得利润会下降，采用高技术进行生产的动力不足，因而企业最终选择相对较为低下的生产技术水平，阻碍了企业的投资和生产。所以，契约的不完全性会受到当地司法环境的制约。在契约制度环境较好的国家和地区，违法成本相对较高，出现"敲竹杠"问题的概率降低，提升了上游供应企业（尤其是合约密集度高的企业）的最优投资效率水平，使企业能够选择更为先进的技术进行生产，提高企业的生产效率，为企业向全球价值链的高端位置攀升提供有力的技术支持。另一方面，正如上文所述，上游中间品生产商在选择签约合作对象时，出于对"敲竹杠"问题的考虑，他们更愿意与契约制度质量较高的最终品生产商签订合作合同。契约制度质量同样也会对处于下游最终品生产商的技术选择和经济绩效产生影响。

第三节 国际分工、契约环境和价值链升级的理论分析

由前文分析可知，参与国际分工能够通过多种渠道影响企业的生产效率和技术水平，从而决定了其价值链地位。契约环境是企业投资决策中最需要考虑的主要因素之一。为此，本节尝试构建一个国际分工与不完全契约共同影响企业向价值链高端提升的数量模型分析框架。在此，我们首先假设在垄断竞争的

市场条件下，参与全球价值链国际分工的企业，由于产品整个生产工序较为复杂，需要在全球范围内寻找上游中间投入供应商，甚至对于极端的企业而言，国际生产分割生产方式已经细化到每个环节就需要寻找上游供应商进行生产。所以，我们在此假设该类企业的生产函数为如下形式的 C – D 函数：

$$Y = K^{\alpha}L^{1-\alpha-\beta}I^{\beta} \qquad (4-15)$$

其中，Y 表示企业的产出水平，K、L 分别表示资本和劳动投入。I 表示所需的上游中间品投入，在此我们还假设企业中间生产环节投入环节数 i 在 $[0, N]$ 范围内，其可表示为

$$I = \left[\int_0^n q\,(i)^{\frac{\sigma-1}{\sigma}}\mathrm{d}i \right]^{\frac{\sigma}{\sigma-1}} \qquad (4-16)$$

该式中的 $q\,(i)$ 表示细化分工环节的中间品数量，σ 表示各中间生产环节之间的替代弹性，且 σ 具有大于1的数学性质。假说生产最终品 Y 的形成，总共需要 n 个细小的上游中间投入。中间投入的生产技术效率为 $A = I/n$，所以可以得到关系：$A = n^{\frac{1}{\sigma-1}}$，企业的生产出来的产品技术含量是由上游中间供应商企业（n）共同决定的。

所以，公式（4 – 15）可变形为

$$Y = K^{\alpha}L^{1-\alpha-\beta}n^{\beta}A^{\beta} \qquad (4-17)$$

其中，A^{β} 表示企业的技术水平。通过关系式 $A = n^{\frac{1}{\sigma-1}}$，可以发现参与价值链分工程度越深入，生产分割程度越细化，中间品投入供应商数目则越多，企业的技术水平含量（A^{β}）也就越高。而且中间品的合约密集度越高，资产专用性越强，上游中间投入品之间的替代弹性（σ）也越小，企业的技术水平也越强。

此时，企业的成本函数由两部分组成：第一部分成本是购买产品的中间投入产生的可变成本 $P_I(\tau)$，它是参与全球价值链国际分工程度（τ）的减函数，因为伴随着参与国际分工程度的加深，其面临上游中间品供应市场数目的变大，市场竞争越激烈，生产所需的中间品价格就越低；第二部分成本是由所需中间品投入引致的固定成本 $\gamma F(n)$，式子中 γ 表示契约成本出现的溢价水平，

通过本章的第二小节论证的结论——当生产企业所处地的契约制度环境越好，则 γ 就越低，反之，γ 就越大。因为行业对契约的敏感程度存在差异，所以那些对中间品契约密集度越高的行业和企业越会受到当地契约制度环境的影响。$F(n)$ 表示生产活动中的固定成本，它是一个单调递增且斜率不断增强的函数，所以具有 $f'(n) > 0, f''(n) > 0$ 的数学性质。并且为了简化模型，在此假设固定成本 $F(n)$ 表示为如下形式

$$F(n) = \frac{n^2}{2} \tag{4-18}$$

所以企业的利润函数可表示为

$$\pi = YP(Y) - C(n,\tau)Y - \frac{\gamma n^2}{2} \tag{4-19}$$

其中，P 表示最终产品的市场销售价格，$C(n,\tau)$ 表示生产一件产品的单位成本，它是上游供应商提供的中间投入品 (n) 和参与国际分工程度 (τ) 共同组成的函数。$n^2/2$ 表示购买上游中间品的固定成本之和。价格 P 可以表示为 $P = C^\varepsilon/(1-\varepsilon)$，$\varepsilon$ 表示为需求替代弹性，且它具有大于 1 的性质。所以该类产品的市场价格产出函数为 $Y = MP^{-\varepsilon}$（M 代表产品市场的规模大小）。所以上式中企业的利润函数可表示为

$$\pi = BC(n,\tau) - \frac{\gamma n^2}{2} \quad B = M\frac{(\varepsilon-1)^{\varepsilon-1}}{\varepsilon^\varepsilon} \tag{4-20}$$

另外，企业的成本函数是由企业的场地租金 r 和雇用员工的工资率 w 构成的函数。因此，企业成本函数可变形为

$$C(n,\tau) = r^\alpha - w^{1-\alpha-\beta}P_I(\tau)^\beta A(n)^{-\beta} \tag{4-21}$$

所以，企业利润最大化的方程可表示为

$$\mathrm{MAX}_n \pi = B\left(\frac{P_I(\tau)}{A(n)}\right)^{-\beta(\varepsilon-1)} - \frac{\gamma n^2}{2} \tag{4-22}$$

其中，$B = B(r^\alpha w^{1-\alpha-\beta})^{-(\varepsilon-1)}$。在此，我们对利润函数（4-20）求导，得到最优的上游中间品供给数：

$$n^* = \left[B \frac{(\varepsilon - 1)\beta}{\sigma - 1} \frac{1}{rP_I (\tau)^{(\varepsilon-1)\beta}} \right]^{\theta} \qquad (4-23)$$

所以，它是融入价值链程度 τ 和契约制度环境 γ 的函数。那么将上式分别对 τ、γ 求导可得

$$\frac{\partial n^*}{\partial \tau} = -\theta \left\{ B \frac{[(\varepsilon-1)\beta]^2}{\sigma - 1} \frac{P'_I(\tau)}{rP_I (\tau)^{(\varepsilon-1)\beta+1}} \right\} \left[B \frac{(\varepsilon-1)\beta}{\sigma-1} \frac{1}{rP_I(\tau)^{(\varepsilon-1)\beta}} \right]^{\theta-1} > 0$$

$$(4-24)$$

$$\frac{\partial n^*}{\partial \gamma} = -\theta \left\{ B \frac{(\varepsilon-1)\beta}{\sigma-1} \frac{1}{r^2 P_I(\tau)^{(\varepsilon-1)\beta}} \right\} \left[B \frac{(\varepsilon-1)\beta}{\sigma-1} \frac{1}{rP_I(\tau)^{(\varepsilon-1)\beta}} \right]^{\theta-1} < 0$$

$$(4-25)$$

$$\frac{\partial n^*}{\partial \tau \partial \gamma} = \theta \left[B \frac{(\varepsilon-1)\beta}{\sigma-1} \frac{1}{rP_I(\tau)^{(\varepsilon-1)\beta}} \right] \left\{ [B(\varepsilon-1)\beta]^2 \frac{1}{\sigma-1} \frac{1}{r^2 P_I(\tau)^{(\varepsilon-1)\beta+1}} \right\} + \theta(\theta-1)$$

$$\left\{ [B(\varepsilon-1)\beta]^3 \frac{1}{\sigma-1} \frac{P'_I(\tau)}{r^3 P_I(\tau)^{(\varepsilon-1)2\beta+1}} \right\} \left[B \frac{(\varepsilon-1)\beta}{\sigma-1} \frac{1}{rP_I(\tau)^{(\varepsilon-1)\beta}} \right]^{\theta-2} > 0$$

$$(4-26)$$

又因为 A^β 表示企业的生产技术效率水平，并且存在以下的关系式 $A = n^{\frac{1}{\sigma-1}}$，因此将其分别代入，可得

$$\frac{\partial A^\beta}{\partial \tau} = \frac{\beta}{\sigma-1} n^{\frac{\beta}{\sigma-1}-1} \frac{\partial n}{\partial \tau} > 0 \qquad (4-27)$$

$$\frac{\partial A^\beta}{\partial \tau \partial \gamma} > 0 \qquad (4-28)$$

简单而言，该模型的基本思路如下：在一个国际分工合作的生产环境中，假设共有三家企业进行生产活动。其中，企业 A 是生产合约密集度高的中间品上游供应商，而企业 B 和企业 C 分别是生产最终品的下游生产商，但两者的不同之处在于：企业 B 所处的地区契约制度环境优于企业 C 所处地区的契约环境。由于企业成本最小化原则的驱使，企业 B 和 C 都有与企业 A 进行合作生产的意愿，用于获得企业 A 生产资产专用性中间投入品。不过，如上文论述的一样，因为不完全契约的客观存在，因此处于对"敲竹杠"行为的考

虑，企业 A 显然在合同签约谈判中更加倾向与契约制度环境更好的企业 B 签订合作协议，从而企业 B 的生产绩效得到提升，从全球价值链分工合作中获益。

因此，由上述三个式子可以得出本书主要研究的两个重要命题：

命题一：参与国际化分工的程度越强，越有利于企业生产出技术含量较高的产品，实现价值链升级。

命题二：相对而言，契约环境越好的国家或地区，越有助于企业参与价值链国际分工，越有利于企业实现价值链升级的目标。

第五章
新型国际分工参与程度、
契约环境与价值链升级

——跨国面板数据分析

在本书的理论分析部分，通过模型和基本思路演绎法，对全球价值链国际分工、契约环境与价值链升级三者之间的关系进行了论证，并初步得出以下结论：随着参与全球价值链国际分工程度的逐渐深入，生产技术水平得到提升，从而带动价值链升级。并且还发现契约环境越好的国家或地区，参与国际分工程度对价值链升级的作用越明显。为了使上述假说结论更加可靠，本章在前文理论模型分析和过往文献的基础之上，构建了实证计量模型，使用跨国面板宏观数据进行实证经验分析。另外，还对解释变量的选取以及内生性、稳健性分析等方面的处理进行相应的说明和处理。

第一节　计量模型的设定

本书不仅需要研究新型国际分工对价值链提升的影响作用，而且还需要探究契约环境的优劣程度是否有助于国际分工合作的展开，以便更加便利地实现价值链升级。于是，借鉴 Nunn（2007）、李坤望和王永进（2010）等的研究，通过在计量模型中添加参与价值链国际分工程度和契约制度质量的交互项的方式，研究两者之间是否存在相互影响，相互作用的机制。因此，本节具体采用如下实证计量方程进行估计

$$Upgrade_{it} = \beta_0 + \beta_1\, GVC_{it} + \beta_2\, GVC_{it} \times Inst_{it} + \beta Controls + v_i + v_t + \varepsilon_{ij}$$

其中，i 代表国家或地区，t 代表时间，V_i 代表国家固定效应，用于控制国家地区的异质性特征。V_t 表示时间效应，用于控制时间趋势特征，ε_{ij} 为残差项。被解释变量 $Upgrade_{ij}$，表示的是价值链提升。本书关注的核心解释变量分别表示为 GVC_{ij} 和 $Inst_{ij}$，其含义是参与全球价值链国际分工程度和各国契约环境的质量水平的高低。最后，$Controls$ 则表示为其他控制变量，本书借鉴以往的研究，纳入以下控制变量：人力资本、研发投入、城市化程度、服务业发展程度、基础设施以及金融发展水平等变量（齐俊妍等，2011；Barro et al.，2013；Desbordes and Wei，2017）。

第二节　指标的构建和处理说明

一、被解释变量 $Upgrade_{ij}$，表示价值链提升水平

在现今全球价值链网络上，纵向深度发展的国际分工已成为社会生产中最为重要的组织形态。但是如何量化、评价融入价值链程度以及在价值链中提升的实际效果，成为当前国家和企业向价值链高端攀升的具体战略计划实施过程中首先需要明确的关键问题。对于如何衡量、评价和提升出口质量以及世界贸易的地位和作用也是一个同样重要的研究方向。梳理目前有关文献发现，大致研究只是将出口中的本国增加值的份额提升，代表价值链贸易地位的提高。然而实际上，价值链提升的内涵，更可能体现在价值链贸易的结构和出口产品质量等方面。鉴于此，我们使用大多文献采用的价值链国际分工位置指数，以及从产品升级角度出发，度量价值链升级情况的出口产品质量和出口技术复杂度

等指标，用于衡量价值链升级。这样做的好处在于，在兼顾了指标典型性、测算技术方法前向性及可操作的前提下，提出一套多维度衡量价值链提升目标量化评价标准，为政策制定和评估提供科学参考依据。下面对上述几个衡量价值链升级的代理变量的具体含义及其意义进行有关介绍。

全球价值链分工位置指数，该指数最早是由 Koopman et al.（2010）提出并给出具体测算公式，该公式以贸易增加值分解方法为基础，提出了测算一国（行业）在全球价值链所处位置的指数——全球价值链位置指数（GVC Position index），它是用于刻画在全球价值链分工中的位置指标之一，其计算公式为如下形式

$$GVC\_Position = \ln\left(1 + \frac{IV}{E}\right) - \ln\left(1 + \frac{FV}{E}\right) \qquad (5-1)$$

其中，IV 表示他国出口中的本国间接出口的价值量，即本国出口价值以中间投入的名义出口到另外一个国家后，在该国进行加工后不在本国消费，最后作为最终品出口到第三国进行消费的价值。FV 表示出口中的非本国的含量价值，即本国出口的最终品中所含有的其他国家中间投入价值含量。而 E 则是本国贸易增加值口径统计的出口价值量。该指标也较为广泛地用作刻度国家及行业在全球价值链中具体位置的指标（杨继军和范从来，2015；戴翔等，2017）。在此指标构造的基本思路之上，Wang et al.（2013）、Koopman et al.（2014）和王直等（2015）提出对于全球价值链分工地位的度量，需要从参与价值链分工价值流向和用途进行识别。他们都认为如果一国（行业）向其他国家提供中间品用于生产最终品，那么该国（行业）往往处于价值链的高端环节。反之，如果一国（行业）使用大量他国的中间品进行生产，那么这类国家（行业）往往处于价值链的低端位置。如果一国主要通过出口原材料或中间品参与全球价值链分工，那么，该国往往位于全球价值链的上游环节，其全球价值链地位就越高，如果主要通过进口原材料或中间品参与全球价值链分工，则情况恰好相反。该指标可全面反映一国的出口增值能力和全球价值链控制能力，

因而是测度一国全球价值链地位的相对理想的指标。另外，考虑到 Wang et al. (2013) 提出的总贸易核算法（以下简称 WWZ 法）对增加值分解更加细化，从而能够识别国外增加值的具体用途，而每个成分所代表的不同的经济学含义，表示着跨国分工生产的不同类型。一般而言，国外增加值中的最终产品比例上升，往往意味着出口国主要进行的是一些诸如最终品加工、装配等低附加值的生产活动，参与的仅仅是全球价值链低端的生产活动；而当最终产品出口的中间品比例上升，可能意味着该行业的中间品越来越多地出口至第三国并作为在该国最终品生产，也就是说该国该行业正在发生产业升级，逐渐实现价值链的攀升（王直等，2015）。

可见，厘清价值链分工地位，首先需要清楚地了解产品生产工序中的每个具体环节流程。以往学者大多以某一特定微观产品为对象，通过案例分析的形式展开全球价值链分工研究，其中比较典型的产品包括 iPhone（Dedrick et al.，2010；邢予青和 Detert，2011）和芭比娃娃（Tempest，1996）。但案例分析只能探究某个产品链或产业链的国际分工及贸易利得状况，而无法全面反映整个以生产过程分节化和中间品贸易为主要特征的全球价值链下的世界经济状况。值得庆幸的是，以 Timmer et al.（2013，2014）、Koopman et al.（2010，2014）、Wang et al.（2013）和王直等（2015）学者的研究成果为代表，在经济理论和统计测算方法上相继取得重要突破，推动了价值链分析在宏观国家和行业层面的研究进展。这些研究不仅为全球价值链和贸易增加值研究提供了重要的定量分析基础，拓展了原有的研究思路，还为相关政策的分析和制定提供了科学的依据，而且必将促进全球价值链其他方面的研究，为进一步深入地研究和扩展奠定了基础。同时，全球价值链核算工作基于经济学和统计学在行业和宏观层面得到不断扩展和深入，它的出现一定程度上弥补了传统贸易统计的不足之处，回答了传统的供应链及物流管理学科与全球价值链治理研究中所无法回答或不能完全回答的问题。例如，以往研究中大多基于 HIY 方法或其基础之上的测算垂直专业化程度方法，仅能计算出一国总出口中的国外增加值部分，即可视作一国整体的垂直专业化程度。该种分解方法只能了解本国多边情况的参与全球化的程度，而无法具体细化到一国双边贸易间的国际分工情况。而 Koopman et al.（2014）提出从供给方角度测量国家—行业层面的出口分解法，很好地解决了以上问题。并且将一国总贸易出口分解为包括贸易增加值和重复计算等总共九个部分的测算方法，更加详细分解了一国出口的垂直专业化程度。由于 KWW 法仅仅提供了国家整体层面的垂直专业化程度测算方法，而没有提供在多边贸易情况下，任意两个贸易伙伴国之间的双边贸易以及更为细化的部门的垂直专门化程度测算方法，为此 Wang et al.（2013）、王直等（2015）在 KWW 法的基础上，将各个国家及部门之间的异质性问题也纳入投入产出模型，提出了总贸易核算法。WWZ 法将 KWW 法中涉及的一国总贸易流分解法延伸至部门、双边以及双边部门层面的研究。同时，依据贸易品中价值来源、最终吸收地和使用方式的不同细分为 16 种不同路径，详细的分解路径进一步对全球价值链贸易往来结构做了较好的解释。

在此，为了便于理解该指标是如何得到的，本书以简单三个国家的投入产出模型为例，对 WWZ 法及模型如何分解为 16 个细分项进行细致的说明（表 5.1 给出了简化的三国投入产出模型）。

表 5.1　　　　　　　　　简化形式的三国投入产出模型

	国家	中间使用			最终使用			总产出
		S 国	R 国	T 国	S 国	R 国	T 国	
中间投入	S 国	Z^{SS}	Z^{SR}	Z^{ST}	F^{SS}	F^{SR}	F^{ST}	Y^S
	R 国	Z^{RS}	Z^{RR}	Z^{RT}	F^{RS}	F^{RR}	F^{RT}	Y^R
	T 国	Z^{TS}	Z^{TR}	Z^{TT}	F^{TS}	F^{TR}	F^{TT}	Y^T
增加值		V^S	V^R	V^T				
总投入		$Y^{S'}$	$Y^{R'}$	$Y^{T'}$				

其中，Z^{SR} 和 F^{SR} 分别表示的是 R 国生产的总产出中需要消耗 S 国的中间投入量和 S 国对 R 国产品的最终消耗量。以此类推，其他中间使用和最终使用符号具有相似的含义。而 Y^S 和 $Y^{S'}$ 分别表示 S 国的总产出和总投入，且两者在数值上

理应相等。最后 V^S 表示 S 国的增加值含量。

从投入产出表的横向来看，总产出根据用途的差异，可分为中间使用和最终使用，它们之间的关系式为

$$Y = Z + F = AY + F \tag{5-2}$$

其中，Y、Z 和 F 分别表示为总产出，中间使用和最终使用，而 A 为中间投入矩阵。它可表示为

$$A = Z(Y)^{-1} \tag{5-3}$$

$$Y = Y'（总产出 = 总投入） \tag{5-4}$$

$Y = (I - A)^{-1}F = BF$，其中 B 称为里昂惕夫逆矩阵，其具体形式为：

$$\begin{bmatrix} B^{SS} & B^{SR} & B^{ST} \\ B^{RS} & B^{RR} & B^{RT} \\ B^{TS} & B^{TR} & B^{TT} \end{bmatrix} = \begin{bmatrix} I - A^{SS} & A^{SR} & A^{ST} \\ A^{RS} & I - A^{RR} & A^{RT} \\ A^{TS} & A^{TR} & I - A^{TT} \end{bmatrix}^{-1}$$

该方程的矩阵展开形式为 $\begin{bmatrix} Y^S \\ Y^R \\ Y^T \end{bmatrix} = \begin{bmatrix} B^{SS} & B^{SR} & B^{ST} \\ B^{RS} & B^{RR} & B^{RT} \\ B^{TS} & B^{TR} & B^{TT} \end{bmatrix} \begin{bmatrix} F^{SS} + F^{SR} + F^{ST} \\ F^{RS} + F^{RR} + F^{RT} \\ F^{TS} + F^{TR} + F^{TT} \end{bmatrix}$

我们在此以国家 R 的进行说明，该国的生产产品需要满足本国的中间需求及最终需求，同时也要满足 S 和 T 两个其他国家的中间需求与最终需求，其展开形式为

$$Y^R = B^{RS}F^{SS} + B^{RS}F^{SR} + B^{RS}F^{ST} + B^{RR}F^{RS} + B^{RR}F^{RR} +$$

$$B^{RR}F^{RT} + B^{RT}F^{TS} + B^{RT}F^{TR} + B^{RT}F^{TT} \tag{5-5}$$

根据贸易增加值分解法，将以上三国模型进行分解为

$$VY = \begin{bmatrix} V^S & V^R & V^T \end{bmatrix} \begin{bmatrix} B^{SS} & B^{SR} & B^{ST} \\ B^{RS} & B^{RR} & B^{RT} \\ B^{TS} & B^{TR} & B^{TT} \end{bmatrix} \begin{bmatrix} F^{SS} + F^{SR} + F^{ST} \\ F^{RS} + F^{RR} + F^{RT} \\ F^{TS} + F^{TR} + F^{TT} \end{bmatrix}$$

其中，V 为增加值系数 $V = VA(Y)^{-1}$，表示每单位产值增加值含量，所以对于国

家 R 来说，存在 $u = V^S B^{SR} + V^R B^{RR} + V^T B^{TR}$，其中 u 表示单位向量。另外，

一国出口包括中间使用出口和最终使用出口的两部分，那么对于 R 国而言，其出口可表示为 $E^R = A^{RS} X^S + Y^{RS} + A^{RT} X^T + Y^{RT}$，而 S 国向 R 国出口为 $Z^{SR} = A^{SR} Y^R = A^{SR} L^{RR} Y^{RR} + A^{SR} L^{RR} E^R$，其中 $L^{SS} = (I - A^{SS})^{-1}$ 表示 S 国的国内里昂惕夫逆矩阵，下文中 L^{RR} 和 L^{TT} 具有相同的含义。最后，我们将一国某部门出口的增加值贸易规模根据增加值的来源和使用进行如下分解：

$$E^{SR} = A^{SR} Y + F^{SR} = (V^S B^{SS})'\#F^{SR} + (V^R B^{RS})'\#F^{SR} + (V^T B^{TS})'\#F^{SR} +$$

$$(V^S B^{SS})'\#(A^{SR} Y^R) + (V^R B^{RS})'\#(A^{SR} Y^R) + (V^T B^{TS})'\#(A^{SR} Y^R)$$

其主要包括如图 5.1 所示的四大类①，即 $E = DVA + RVA + FVA + PDC$。出口品价值可以由以下四部分组成：出口中的国内增加值含量（DVA）、最终返回的国内增加值规模（RVA）、出口中的国外价值（FVA）和反复跨境造成的纯重复计算（PDC）。另外，此处的后两项之和又共同构成了垂直专业化程度，即 $VS = FVA + PDC = MVA + OVA + DDC + FDC$。同时，因为国外增加值部分又可以再细化分解成 FVA _ FIN、FVA _ INT 和 FDC 三个部分。所以一国或部门出口中的国外增加值又可分解为如图 5.2 所示，所以垂直专业化指数又可按结构分解为如下形式：

$$VS = MVA\_FIN + OVA\_FIN + MVA\_INT + OVA\_INT + MDC + ODC$$

$$= FVA\_FIN + FVA\_INT + PDC \qquad\qquad (5-6)$$

全球价值链分析框架下的垂直专业化比率是由不同的部分组成，每个部分具有不同的经济含义，代表着跨国分工生产的类型。已有大量有关价值链提升的研究，将式（5-6）中的中间产品出口的国外增加值占整个垂直专业化的比例（即 FVA _ INT 与 VS 的比例）作为衡量价值链地位提升的又一重要指标

---

① 第一类是最终被国外吸收的国内增加值（DVA）；第二类是返回的国内增加值（RDV）；第三类是用于生产本国出口的外国增加值（FVA）；第四类是中间品贸易的纯重复计算（PDC）。另外该模型的详细推导及具体细分 16 部分过程，请参见文献 "Quantifying international production sharing at the bilateral and sector levels" 附录部分。另外，上述计算公式中的#为矩阵点乘。

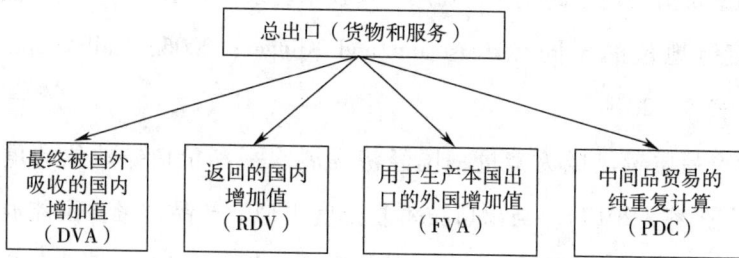

图5.1　总贸易核算法的基本概念框架

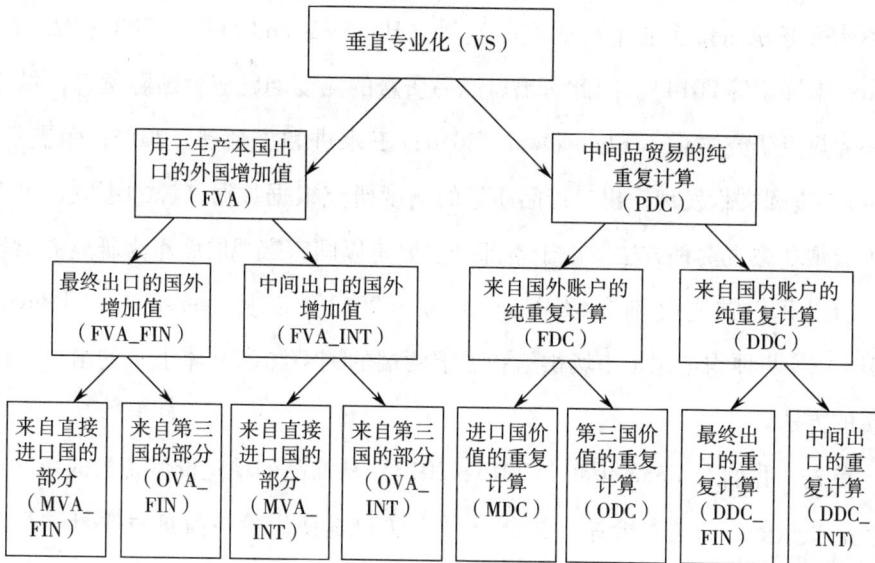

图5.2　总出口中国外增加值的分解示意图

（王直等，2015；吕越等，2016；王孝松等，2017）。为此，本部分采用中间产品出口的国外增加值占整个垂直专业化比例作为衡量价值链分工地位指标。

　　另外，在全球价值链体系下，价值链的每个生产环节都有不同的技术层级，所以整个价值链也被称为技术阶梯（Humphery and Schmitz，2002）。产品升级是技术阶梯由低级向高级的价值链提升的重要环节，也是价值链升级的重要表现形式。在考察产品是否升级的过程中，又可以分别从垂直差异和水平差异两个维度进行评定。因此，我们还试着采用出口产品质量在垂直差异的产品间维度衡量价值链地位的差异，而用出口技术复杂度在水平差异的产品间维度刻画价值链地位的不同（Hausmann and Klinger，2006；Hallak and Schott，2011；刘斌等，2016）。

出口产品质量已成为衡量一国经济发展水平和价值链地位的重要指标（余淼杰和张睿，2017）。与出口技术复杂度类似，产品质量并不能通过现有数据直接获得，所以以往很多研究都使用产品的单位价格来刻画出口产品质量的好坏，但是产品价格是由市场供求、企业生产效率等因素共同决定的，所以并不能很好地衡量企业生产的产品质量（Hummels and Skiba，2004；Hallak，2006；李坤望等2014）。因此，出口产品质量的测度问题成为国际贸易领域中的一大热点研究方向（Khandelwal，2010；王永进和施炳展，2014；张杰等，2014）。查阅文献发现，出口产品质量的测度研究根据数据来源的不同，可以分为宏观和微观两种方法。由于本部分主要是以国家宏观层面作为研究的出发点，所以我们首先分别介绍 Henn et al.（2017）以及 Feenstra and Romalis（2014）等两种均考虑了市场供给和需求两端的测算国家整体水平的出口产品质量的方法。

首先，我们对 Henn et al.（2015，2017）从产品的单位价值切入的角度测算产品质量的方法进行介绍。虽然这种方法也是使用价格信息对质量进行测算，不过它巧妙地剔除了产品价格中其他无关因素的扰动，同时从产品的需求和供给两方面构建计算模型测度出口产品质量，这种方法比已有从价格角度测度产品质量的方法识别得更为准确。需要说明的是，这种方法其实是对 Hallak and Schott（2011）测定出口产品质量的方法进行了修正：

$$\ln p_{iet} = \zeta_0 + \zeta_1 \ln\theta_{iet} + \zeta_2 \ln y_{et} + \zeta_3 \ln Dist_{ie} + \varepsilon_{iet} \qquad (5-7)$$

其中，i、e 和 t 分别表示的是产品需求国、产品生产国和时间。通过式（5-7）可知，产品的价格 p 囊括了质量 θ、产品生产国的国家收入水平 y 以及贸易国之间的地理距离 Dist 等因素信息。通过该模型剔除了一些影响价格的杂音因素，较好地识别了出口产品质量。随后我们再建立一个含有产品质量的因素的贸易

引力方程，其计算公式为

$$\ln(\text{Imports})_{iet} = FE_i + FE_e + \alpha\ln Dist_{ie} + \beta I_{iet} + \delta\ln\theta\ln y_{it} + \varepsilon_{iet} \quad (5-8)$$

其中，FE_i 和 FE_e 分别表示产品需求国和进口国的固定效应，用于刻画贸易发生两国之间的经济特征。I_{iet} 表示一些诸如语言体系、是否被殖民等在经典引力模型和文献中涉及影响双边贸易量的其他因素的集合。$\ln\theta\ln y_{it}$ 是需求国和产品质量的交互项，当其系数 δ 大于 0 时，说明国家收入水平越高，对产品质量的要求也越高。然后将式（5-7）代入式（5-8）中，得到式（5-9）：

$$\ln(\text{Imports})_{iet} = FE_i + FE_e + \alpha\ln Dist_{ie} + \beta I_{iet} + \zeta'_1\ln p_{iet}\ln y_{it} +$$

$$\zeta'_2\ln y_{et}\ln y_{it} + \zeta'_3\ln Dist_{ie}\ln y_{it} + \varepsilon'_{iet} \quad (5-9)$$

其中，$\zeta'_1 = \dfrac{\delta}{\zeta_1}$，$\zeta'_2 = \dfrac{\delta\zeta_2}{\zeta_1}$，$\zeta'_3 = \dfrac{\delta\zeta_3}{\zeta_1}$ 和 $\xi'_{iet} = -\dfrac{\delta\zeta_0 + \delta\xi_{iet}}{\zeta_1}\ln y_{it} + \varepsilon'_{iet}$。根据数据回归估计出上述各个系数的数值，最后再求出出口产品的质量，其具体表达式为

$$Quality\_estimate_{iet} = \delta\ln\theta_{iet} + \frac{\delta\zeta_0}{\zeta_1} = \zeta'_1\ln p_{iet} + \zeta'_2\ln y_{et} + \zeta'_3\ln Dist_{it}$$

$$(5-10)$$

为了使实证结果更加稳健可靠，我们还采用 Feenstra and Romalis（2014）提出的方法用于估算国家层面出口产品质量。该方法建立在消费者非同位偏好（Non-Homothetic）的基础上，并将微观出口企业的质量决定内生化，同时纳入考虑产品质量和产品数量的需求分析框架。首先对于消费者而言，选择购买什么产品必须满足的条件是，收入水平恒定的基础上效用最大化，所以消费者的拉格朗日方程可表示为

$$L = U(Q_1^k, \cdots, Q_{Nk}^k) + \lambda\left(Y^k - \sum_{i=1}^{Nk} P_i^k Q_i^k\right) \quad (5-11)$$

其中，Q 和 P 分别是经过处理后的数量和价格，它们的表达式分别为 $z_i^k q_i^k$ 和 $\tau_i^k(p_i^{*k} + T_i^k)/z_i^k$。另外，消费国对进口的需求函数为

$$\left(\frac{X_i^k/\tau_i^k f^k}{M_i(\varphi_i/w_i)^\gamma}\right) = \left(\frac{\overline{P_i^k}}{P^k}\right)^{-(\sigma-1)(1+\gamma)}\left(\frac{Y^k}{\tau_i^k f^k}\right)\left[\frac{\gamma-\theta(\sigma-1)}{\sigma\gamma}\right]^\gamma \quad (5-12)$$

其次，对于生产函数为 C - D 函数的企业，其潜在的市场是完全开放且充分竞争的市场，同时企业在生产技术方面存在差异性，而且产品的价格由全球所有企业的数量和产出能力共同决定。所以企业在决策生产最优产品质量时，其产品质量函数可表示为

$$z_{ij}^k = [\overline{p_i^{*k}}/(w_i/\varphi_{ij})]^\theta \kappa_1,\text{其中}\kappa_1 = \{\theta(\sigma-1)/[1+\theta(\sigma-1)]\}^\theta$$

$$(5-13)$$

在式（5-11）至式（5-13）中，i、k 和 j 分别表示的是产品供给国、产品进口国和微观企业；而 $p*$ 和 $\tau_i^k(p_i^{*k}+T_i^k)$ 分别代表产品离岸价格（FOB）和产品到岸价格（CIF），而 T 代表运输成本，ψ 的含义是企业生产率，τ 表示关税。w 代表生产所需的原料成本价格，$1-\sigma$ 代表产品价格弹性，最后质量的边际收益用 θ 表示，且 $\theta\in(0,1)$，意味着边际收益是递减函数。因此，企业适度修正后的生产率的最大利润化下的工资为

$$\overline{P_i^k} = (\overline{p_i^k}/\overline{p_i^{*k\theta}})\left(\frac{X_i^k/\tau_i^k f^k}{M_i(\varphi_i/w_i)^\gamma}\right)^{\frac{\theta}{1+\gamma}}\kappa_2 \quad (5-14)$$

其中，$\kappa_2 = \{[\gamma-\theta(\sigma-1)]/\sigma\gamma\}^{\theta/(1+\gamma)}/\kappa_1$。而 f 表示企业出口到国家 k 需要支付的固定成本，M 代表出口企业的数量，最后出口规模这里用 X 表示。

所以，最后得到出口产品质量的测算公式为

$$\ln X_{it}^k - \ln X_{jt}^k = -(\gamma+A)(\ln\overline{p_{it}^k}-\ln\overline{p_{jt}^k})+\gamma(\ln p_{it}^{*k}-\ln p_{jt}^{*k})+$$

$$\alpha_i - \alpha_j + \alpha(\ln L_{it}-\ln L_{jt})+\varepsilon_{it}^k-\varepsilon_{jt}^k \quad (5-15)$$

其中，$A\equiv\frac{(1-\theta)(\sigma-1)(1+\gamma)}{[1+\theta(\sigma-1)]}=\frac{(1-\theta)}{\theta}\frac{\gamma(1+\gamma)}{\zeta+\gamma}$。$L$ 表示该部门为了出口所需要雇用的劳动人数，而 α_i 和 α_j 分别表示产品供给国和消费国的固定效应。

Feenstra and Romalis（2014）测算质量的方法的优点在于，首先在引入出口产品离岸价格和在岸价格时，运用了动态矩估计方法进行估计，消除了可能存在内生性的问题。其次事先利用结构估计法估计出了 γ、θ 和 α 三个参数的

数值，为运用现实数据计算打下基础。最后他们将企业供给和消费者需求等双边行同时纳入模型，其估计的出口产品质量是真正意义上企业层面的。但是该模型对数据的要求很高，譬如一种产品的离岸价格、出口价格数据往往难以同时取得。我们采用余淼杰等（2016）的做法合并得到国家层面出口产品质量。我们采用作者网站公布的数据并参考余淼杰等（2016）的做法，最终合并得到了国家层面出口产品质量指数。

最后，我们使用出口技术复杂度指标来刻画出口产品间的水平差异。许多学者都使用 Hausmann et al. （2007）提出的方法进行有关出口复杂度方面的研究。这种方法的计算步骤一般是，先通过全球贸易数据测得各个国家—产品层面的出口比较优势，再通过各国的人均收入和制成品出口比较优势数据为基础测得每种产品的出口复杂程度（PRODY），它的具体测算公式为

$$\text{PRODY}_g = \sum_m \frac{\left(\dfrac{X_{mg}}{X_m}\right)}{\sum\limits_m \left(\dfrac{X_{mg}}{X_m}\right)} Y_m \qquad (5-16)$$

其中，g 和 m 分别表示产品种类和国家数目，X 和 Y 表示国家和人均收入水平。随后再根据国家或企业所有产品的出口情况进行加权计算，最终得到国家或企业水平层面的出口技术复杂度（EXPY），其计算公式为

$$\text{ESPY}_i = \sum_g \frac{x_i}{X_i} \text{PRODY}_g \qquad (5-17)$$

这种方法的优点在于，数据易得且计算过程相对简单。但是 Hausmann et al. （2007）的方法在构建时提出因为无法获得有关所有产品的研发投入数据，因而只能用人均收入数据来构建产品层面的出口技术复杂度。因为他们认为人均收入水平越高的国家，生产产品的技术含量越高（Lall et al. ，2006）。虽然产品的技术含量与国家的收入水平有着紧密的关联度，但也不能忽略诸如技术差异、市场需求等因素对产品技术含量的影响，因此，这种计算出口复杂度的方法只能在一定程度上衡量产品的技术水平，但它并不是一个单纯的技术

指标。所以，该种方法对国家收入的权重过度依赖，且将人均收入内生化，致使在对指标实际运用过程中，容易出现"技术复杂度高的产品是由富国生产的，而复杂度低的产品是由穷国生产"的循环结论，有悖于实际情况（Hausmann and Hidalgo，2010；李小平等，2015）。

Hausmann and Hidalgo（2010）认为国家出口产品的技术高低是由一个国家的综合生产能力决定的。每个国家具有的生产能力不尽相同，而不同产品需要的技术能力也有所不同。基于此，他们提出了基于反射分析（Method of Reflection）测算出口产品技术复杂度的方法。该方法首先基于 Balass（1965）提出的显性比较优势指数，构建了一个联结国家—产品的关联矩阵 M，来描述两国网络中国家和产品之间的联系。其中 M 矩阵的具体定义为

$$M_{ij} = \begin{cases} 1, \text{如果 RCA}_{ij} > 1 \\ 0, \text{其他} \end{cases} \tag{5-18}$$

在反射能力理论中，它们提出使用出口经济体的"多样性"（Diversity）和产品的"普通性"（Ubiquity）两个概念对国家和产品的技术复杂程度进行描述。其中，"多样性"表示国家所拥有出口比较优势的产品的数目；"普通性"表示有多少个国家在该项产品方面具有国际比较优势。多样性和普通性表达式分别为

$$d_i = \sum_j M_{ij} \text{ 和 } d_j = \sum_i M_{ij} \tag{5-19}$$

我们注意到，两个指标在数值上成负相关关系。其背后的含义是，"多样性"水平越高，说明某国在许多产品出口方面具有国际比较优势，所以具有较强的生产能力；而某一产品的"普通性"系数较高，一般认为生产该类产品的门槛较低，很多国家能够完成该类产品的生产并出口到其他国家。不过，以上对于"多样性"和"普通性"等概念及其含义的理解只是建立在简单的二分网络（Bipartite Network）中，此状态只是相对静态还未囊括其他节点及其节点间相互影响的网络关系，所以还不是真正意义上对国家和产

品技术复杂度最真实的描述。通过 Hausmann and Hidalgo（2010）构造的定义可知，国家的"多样性"和产品的"普通性"并不是独立存在的，而且存在内在联系。"多样性"高的国家，生产能力越强，从而能够生产出生产技术工艺要求更高的产品；同样地，生产技术含量越高的产品一般是由综合生产能力强的国家完成生产的。因此，国家和产品出口复杂度是通过能力联系在一起的。为了便于说明，图 5.3 给出了国家—能力—产品的三边网络示意图，由于在实际中我们是无法观测到各国综合能力的，而只能通过双边贸易识别国家和产品的竞争能力。通过对国家—产品的网络矩阵反复迭代，收集信息，最终得到国家的多样化和各种产品的普遍性的信息。所以，在使用国家—产品关联矩阵进行迭代 n 次时，"多样性"和"普通性"时的表达式为

$$\begin{cases} c_{i,n} = \dfrac{1}{d_i} \sum_j M_{ij} p_{j,n-1} \\ p_{i,n} = \dfrac{1}{u_j} \sum_j M_{ij} c_{j,n-1} \end{cases} \qquad (5-20)$$

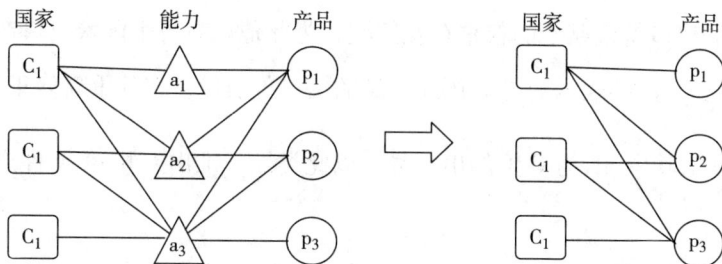

图 5.3　国际贸易双边网络是国家—能力—产品三边网络

（资料来源：Hausman and Hidalgo（2010）和 Maggioni et al.（2016）。）

其中，初始条件为 $c_{i,0} = d_i$，$p_{j,0} = d_j$，d_i 和 u_j 分别表示"多样性"和"普通性"。注意到以上迭代公式使用上一次迭代的产品复杂度定义本次迭代的国家复杂度，同时使用上一次迭代的国家复杂度定义本次迭代的产品复杂度，因而

我们可以将 $c_{i,n}(p_{j,n})$ 写成为 $c_{i,n-2}(p_{j,n})$ 的线性映射。实际上，如果将国家和产品的复杂度写成向量形式，那么上述的迭代过程即一个遍历（Ergodic）的马尔科夫过程，意味着 $c_{i,n}$ 和 $p_{i,n}$ 最终会收敛到某个常数。而定义矩阵：

$$[\tilde{C}_{ii'}] = \sum_j \frac{M_{ij} M_{i'j}}{d_i u_j} \qquad (5-21)$$

对以上矩阵进行特征值分解，对应于第二大特征根的特征向量，即为最终的经济复杂性指数（Economic Complexity Index，ECI）。进一步，我们将以上指数进行标准化到 [0, 1]

$$ECI = \frac{ECI^* - \min ECI^*}{\text{stdev}(ECI^*)} \qquad (5-22)$$

其中，在式（5-22）中 ECI* 是没有经过标准化的指数，即对应第二大特征根的特征向量。同理，我们可以定义产品复杂性指数（Product Complexity Index，PCI），即定义矩阵：

$$\tilde{P}_{jj'} = \sum_i \frac{M_{ij} M_{ij}'}{d_i u_i} \qquad (5-23)$$

而 Albeaik et al.（2017）则认为 Hausmann and Hidalgo（2010）的方法对每项产品的出口价值赋予的权重存在问题，为此他们对每个国家出口产品的规模进行修正，如 X_C^a 表示的是 C 国 a 产品的出口价值量，将其重新修正为 $X_C^{'a} = \sum_p \frac{X_{cp}}{\sum_c \frac{X_{cp}}{X_c^0}}$，其中 X_C^0 为 C 国的出口量。以此类推，推出 C 国第 N 件产品的修正后的出口规模则为 $X_C^{'n} = \sum_p \frac{X_{cp}}{\sum_c \frac{X_{cp}}{X_c^{n-1}}}$。再将修正后的各国各产品规模，重新计算国家—出口比较优势矩阵，最后进行上述迭代计算出国家层面的出口技术复杂度。因此，本书同时使用 Hausmann and Hidalgo（2010）和 Albeaik et al.（2017）两种基于能力理论反射法测得的国家出口技术复杂度作为价值链升级又一项度量指标。

二、　核心解释变量 GVC_{ij}

其含义为参与国际分工程度。我们用 Wang et al.（2017）生产分解模型构建的全球价值链参与程度指数（Global Value Chain Participation Indexes）视为国际分工（GVC_{ij}）的代理变量。需要特别说明的是，鉴于生产分解模型不仅能够从需求（后向）和供给（前向）两端视角对一国（行业）参与价值链分工程度进行测度，而且该分解方法还具有对融入价值链深浅难易程度进行识别的属性。因此，本书也试着从供给和需求两个视角下的参与全球价值链的不同程度分别研究。该方法具体的测算过程请参见上一章相关内容解释。

三、　核心解释变量 $Inst_{ij}$

契约制度往往存在难以量化的困难，目前学术界已提出多种度量契约制度水平的方法。本书针对国家层面的契约执行质量环境（Contract Enforcement）的度量，使用 Kaufman et al.（2004）开发的 Rule of Law 数据库用于刻画契约制度质量（$Inst_{ij}$）。该数据库涵盖了全球 199 个国家和地区，衡量了代理人对社会规则的信心和遵从程度，包括司法实践和司法程序的有效性和可预测性、契约的可执行性等，较好地衡量了产权保护程度及合约环境质量，其数值在 $-2.5 \sim 2.5$ 区间，该数值越大意味着契约执行的环境越好。

四、　其他控制指标 Controls

人力资本，我们使用 Barro 开发的全球教育数据库中的国家平均教育年限对数。全球生产网络的核心是全球创新网络体系的生成，研发投入不仅能支持一国创新，而且它在一定程度上可以衡量一国创新能力的大小，为此，我们使用国家研发投入占国家总产值的比重来刻画研发投入水平。城市化水平和服务业发展程度都影响着本国经济发展的模式和道路，合理的城市化水平以及三次产业布局结构能够带动本国对外贸易活动，对价值链提升有着一定的影响

（Chenery，1975；程大中，2004；倪鹏飞等，2014），所以我们分别用世界银行提供的城市化率和服务业占 GDP 的比重作为上述控制变量的代理变量。另外，本书还参考有关研究，添加基础设施以及金融发展水平作为控制变量，如每百人中上网人数和私人信贷规模占 GDP 的比重（Beck，2003；王永进等2010；齐俊妍等，2011）。最后，考虑到不同变量在水平数值上存在巨大差异，本书在实际处理过程中，对解释变量和被解释变量均作了对数处理。

第三节　数据来源和描述性统计

测算各国整体水平的全球价值链分工位置指数时，使用的数据来源于2016年 11 月 WIOD 数据库提供的跨国投入产出表，并基于 Wang et al.（2013）提出的总贸易核算分解对各国进行贸易增加值分解。相较于 2013 年旧版本的 WIOD 数据以及其他机构提供的投入产出数据，该数据的优势在于，它提供了2000—2014 年连续十五年的跨国投入产出表数据，并且涵盖了全球 43 个主要国家和地区 56 个产业部门，可见新版数据不仅年份有所更新，部门也更加细化。而且它囊括的 43 个国家和地区生产总值总和占到全球生产总值总和的86% 以上，能够较为真实地反映全球经济运行状况。并为研究中国乃至世界其他各国金融危机之后融入全球价值链的分析提供了数据支持。

在计算国家层面出口产品质量与出口技术复杂度时，采用的数据来源于，联合国 UN－comtrade 数据库提供的全球贸易数据。为了与 WIOD 数据保持一致，我们仅基于 UN－comtrade 数据库测算了世界主要国家 2000—2014 年国家层面的出口产品质量和出口技术复杂度。而契约环境数据则使用 Kaufmanet al.（2004）开发的 Rule of Law 数据库。最后，其他控制变量数据中，除人力资本数据来源于 Barro 开发的全球教育数据库之外，其他数据均来源于世界银行开发的（World Development Index，WDI）数据库。各主要变量的描述性统计参见表5.2。

表5.2　　　　　　　　　　各主要变量的描述性统计

变量	观测值数	均值	标准差	中值	最大值	最小值
地位指数	494	0.249	0.093	0.242	0.520	0.048
出口质量	494	0.802	0.175	0.838	1.096	0.200
出口复杂度	494	0.953	0.354	1.065	1.747	-0.096
全球价值链前向参与度	494	0.180	0.076	0.180	0.464	0.044
全球价值链后向参与度	494	0.183	0.081	0.167	0.514	0.048
契约制度	494	-0.013	0.998	-0.150	2.120	-2.670
人力资本	494	2.408	0.690	2.451	3.734	1.049
研发投入	494	1.037	0.899	0.738	4.407	0.005
城市化	494	2.408	0.690	2.451	3.734	1.049
服务水平	494	0.565	0.145	0.569	0.024	0.942
基础设施	494	1.037	0.899	0.738	4.407	0.005
金融发展	494	0.476	0.481	0.312	3.226	0.000

第四节　计量回归结果

一、OLS 基本回归

本书首先采用双向固定效应模型，并基于普通最小二乘进行回归估计（结果参见表5.3）。表5.3 的回归结果显示，在控制其他变量的情况下，无论是前向（供给）视角，还是后向（需求）视角，随着一国（地区）参与全球价值链程度的不断深入，对本国的分工地位指数、产品质量和技术复杂度水平都有明显的正向作用。前向参与国际分工程度，每提升 1 个单位，一国（地区）的分工地位指数、产品质量和技术复杂度水平分别提高 1.143 个、2.319 个和 1.302 个单位；而后向国际分工程度，每提升 1 个单位，上述三项对应增长了 3.647 个、5.737 个和 2.918 个单位。结果说明，在经济全球化日益明显的当今，一国（地区）愈发积极地融入全球价值链生产分工网络，对外开放程度越大，价值链提升的效果越明显。全球价值链网络分工体系出现的根本原因是，资源在全球范围内进行整合和优化配置，发达国家和发展中国家发挥各自在生产投入方面的比较优势，共同实现经济效益的提升，享受全球化带来的诸多便利。

表5.3 　　　　　　　　　　　　OLS 基本回归估计结果

因变量	前向参与程度对价值链升级的影响			后向参与程度对价值链升级的影响		
	（1）	（2）	（3）	（4）	（5）	（6）
	位置指数	出口质量	出口复杂度	位置指数	出口质量	出口复杂度
GVC	1.143***	2.319***	1.302**	3.647***	5.737***	2.918***
	(4.455)	(5.864)	(2.090)	(11.925)	(9.318)	(6.980)
GVC#契约制度	0.556***	0.912***	1.088***	0.761***	1.119***	1.077***
	(3.417)	(3.395)	(2.857)	(5.054)	(3.505)	(4.067)
人力资本	0.236**	0.243**	0.225**	0.298***	0.112	0.304***
	(2.156)	(2.257)	(2.022)	(3.058)	(1.091)	(2.836)
研发投入	0.013	0.022	0.001	0.046**	0.029	0.019
	(0.500)	(0.870)	(0.019)	(2.040)	(1.225)	(0.772)
城市化	0.414**	0.373**	0.398**	0.545***	0.167	0.572***
	(2.402)	(2.210)	(2.239)	(3.554)	(1.031)	(3.395)
服务水平	0.175	0.144	0.231	0.145	0.033	0.183
	(0.918)	(0.767)	(1.192)	(0.855)	(0.184)	(0.977)
基础设施	0.076***	0.072***	0.079***	0.074***	0.070***	0.078***
	(5.633)	(5.401)	(5.684)	(6.152)	(5.529)	(5.931)
金融发展	0.011	0.010	0.010	0.014**	0.006	0.018**
	(1.444)	(1.347)	(1.229)	(2.161)	(0.923)	(2.549)
常数项	−1.758*	−1.738*	−1.410	−2.627***	−1.978**	−2.244**
	(−1.759)	(−1.787)	(−1.368)	(−2.995)	(−2.117)	(−2.337)
国家固定	是	是	是	是	是	是
年份固定	是	是	是	是	是	是
样本量	494	494	494	494	494	494
调整 R^2	0.450	0.466	0.431	0.565	0.517	0.481

注：估计系数下方括号内数字为估计值的 t 统计量或 z 统计量，其中 ***、** 和 ** 分别表示 1%、5% 和 10% 的显著性水平。下同。

其次，本书较为关心的是，当地契约制度的优劣程度是否影响微观企业乃至国家整体参与价值链国际分工，从而影响本国整体向价值链高端攀升。结果显示，契约制度指标与全球价值链参与程度的交互项的回归系数结果都为正，而且都在1%水平下显著。该结果与我们的预期一致。这说明了契约制度质量越好的国家或地区，越有助于参与全球价值链国际分工，以便越有利于企业经济绩效的提升，提高国际竞争力水平。换言之，在契约制度环境越好的地方，国与国、企业与企业之间贸易往来的交易成本就越低，越有利于各方之间的合作，从而真正享受到参与价值链分工带来的好处，并不断促进向价值链高端提升。跨区域的价值链分割生产体系飞速形成的重要特征就是，产品被纵向分割为若干个细小化的层面，不同层面面临着不同的生产技术要求。从产品价值链的不同工序来看，处于低附加值的环节往往属于较低层次的分工，该部分技术含量偏低，一般属于劳动密集型加工装配环节。上述环节的资产专用性较弱，具有较强的通用性，这也意味着该环节对契约环境的敏感性不高。与之对应的则是高附加值环节，诸如设计、研发等高技术含量的生产工序环节，这些环节专业化分工程度较高，生产环节也属于专用性环节。该部分对契约环境的反应程度较强。价值链高端生产往往需要大量的专用性投资类中间投入品，所以对契约的依赖程度也就较高。

二、　内生性检验

面板数据进行最小二乘法进行实证估计的方法，通常面临扰动项存在自相关，回归变量实际上并非严格外生变量等诸多影响计量回归结果的问题。而且，在现实经济生活中参与国际分工程度与价值链的地位往往并非是严格外生的，即两者之间可能存在很强的内生因果关系，如处于价值链高端的国家或企业，国际化程度往往越高，参与国际化程度也越高。内生问题往往会导致 OLS 估计的结果是有偏的，所得结果可信度降低。为此，本书试着利用能够克服上述内生性问题，而采用无偏估计的系统广义矩估计（GMM）法对原计量模型进行重新估计①。具体操作是，将刻画价值链地升级的地位指数、出口质量和出口复杂度三个指标的滞后一期引入原先的计量方程，使过去的静态面板模型变为动态面板模型，并基于本书所要研究的目标，将全球价值链参与程度以及它与契约制度指标的交互项视为内生变量，并把其他所有控制变量都视为外生变量进行估计（估计结果参见表5.4）。首先，表5.4中报告的二阶序列相关AR（2）和Sargan等统计量结果表明，该回归模型不存在二阶序列相关和过度识别的问题，估计结果可靠。

表 5.4　　　　　　　　　　系统 GMM 回归估计结果

因变量	前向参与程度对价值链升级的影响			后向参与程度对价值链升级的影响		
	(1)	(2)	(3)	(4)	(5)	(6)
	位置指数	出口质量	出口复杂度	位置指数	出口质量	出口复杂度
GVC	1.131***	0.960***	2.415***	2.334***	5.636***	1.807***
	(3.975)	(3.365)	(7.192)	(8.139)	(10.683)	(4.977)
GVC#契约制度	0.305***	0.468***	0.622***	0.252***	1.074***	0.384*
	(5.216)	(3.835)	(4.768)	(3.390)	(3.436)	(1.740)
人力资本	0.0613	0.128*	0.0364	0.128	0.304***	0.0526
	(0.532)	(1.672)	(0.390)	(1.261)	(3.723)	(0.511)
研发投入	0.031**	0.016	0.031**	0.078***	0.018*	0.042***
	(2.077)	(1.220)	(2.515)	(7.301)	(1.745)	(3.322)
城市化	0.288	0.369	0.695**	1.033*	−0.299	0.346
	(0.668)	(1.400)	(2.090)	(1.933)	(−0.746)	(0.829)
服务水平	0.310**	0.142	0.262***	0.288***	0.426***	0.0927
	(2.220)	(1.383)	(2.775)	(3.861)	(4.068)	(1.042)
基础设施	0.011	0.011**	0.027***	0.004	0.007	0.002
	(1.227)	(2.169)	(4.246)	(0.559)	(0.832)	(0.164)
金融发展	0.005*	0.005**	0.007**	0.001	0.007**	0.001
	(1.888)	(2.037)	(2.312)	(0.781)	(2.449)	(0.531)

① GMM 估计法分为系统 GMM 法和差分 GMM 法，由于一般情况下自变量的滞后期无法满足差分 GMM 法中工具变量的统计检验，所以本书采用的是系统 GMM 法，特此说明。

续表

因变量	前向参与程度对价值链升级的影响			后向参与程度对价值链升级的影响		
	（1）	（2）	（3）	（4）	（5）	（6）
	位置指数	出口质量	出口复杂度	位置指数	出口质量	出口复杂度
常数项	－ 3. 264*	－ 2. 993***	－ 4. 657***	－ 6. 147***	－ 2. 485	－ 2. 604
	（ － 1. 837）	（ － 2. 751）	（ － 3. 264）	（ － 2. 967）	（ － 1. 546）	（ － 1. 458）
Sargan 检验	33. 51	34. 24	33. 68	32. 74	35. 29	34. 22
	（1. 000）	（1. 000）	（1. 000）	（1. 000）	（1. 000）	（1. 000）
AR （2）	0. 416	0. 504	0. 270	0. 451	0. 122	0. 338
样本量	462	462	462	462	462	462

三、 稳健性检验

此外，为了进一步使实证结果更加具有说服力，我们还使用了 2013 年 WIOD 提供的旧版跨国投入产出数据，重新测算了各国前向、后向下的参与全球价值链国际分工程度指数，并以此为基础，重新进行了相关实证分析（结果参见表 5.5）。回归结果依然显著。不过，需要注意的是在表 5.5 中的第（3）列和第（4）列中，契约环境与全球价值链参与国际分工程度交互项的回归系数在 10% 水平上不显著。统计结果显示，两者之间的交互作用依旧为正，且 t 统计量分别为 1.534 和 1.428，说明契约环境对国际分工的开展仍有影响，不过作用效果有所减弱。总体而言，契约环境确实能够影响一国参与国际分工程度，从而影响价值链地位的结论基本不变。

表 5.5　　　　　　基于 2013 版 WIOD 数据进行稳健估计结果

因变量	前向参与程度对价值链升级的影响			后向参与程度对价值链升级的影响		
	（1）	（2）	（3）	（4）	（5）	（6）
	位置指数	出口质量	出口复杂度	位置指数	出口质量	出口复杂度
GVC	2. 354***	2. 909***	4. 092***	3. 556***	7. 223***	4. 017***
	（6. 537）	（5. 205）	（13. 917）	（14. 514）	（13. 220）	（13. 222）
GVC# 契约制度	0. 558***	1. 297***	0. 357	0. 229	0. 505**	0. 763***
	（4. 271）	（4. 054）	（1. 534）	（1. 428）	（2. 489）	（5. 062）

续表

因变量	前向参与程度对价值链升级的影响			后向参与程度对价值链升级的影响		
	(1)	(2)	(3)	(4)	(5)	(6)
	位置指数	出口质量	出口复杂度	位置指数	出口质量	出口复杂度
人力资本	0.009	0.259*	0.001	0.107	0.331***	0.082
	(0.047)	(1.816)	(0.011)	(1.181)	(4.103)	(0.971)
研发投入	0.011	0.001	0.010	0.004	0.001	0.030
	(0.576)	(0.076)	(0.712)	(0.292)	(0.052)	(1.644)
城市化	0.458	0.135	0.510	0.049	0.240	0.266
	(0.910)	(0.319)	(1.327)	(0.192)	(0.868)	(1.023)
服务水平	0.142	0.458**	0.085	0.017	0.417***	0.004
	(0.713)	(2.254)	(1.441)	(0.184)	(6.149)	(0.085)
基础设施	0.001	0.014***	0.015***	0.007	0.017***	0.012***
	(0.220)	(7.988)	(5.769)	(1.601)	(4.759)	(3.809)
金融发展	0.013***	0.016***	0.007***	0.010***	0.001	0.013***
	(6.124)	(6.573)	(3.190)	(4.461)	(0.579)	(5.552)
常数项	-2.284	0.876	-2.606*	-1.999***	0.262	-2.396**
	(-0.992)	(0.424)	(-1.789)	(-2.784)	(0.251)	(-2.223)
国家固定	是	是	是	是	是	是
年份固定	是	是	是	是	是	是
调整 R^2	0.765	0.643	0.907	0.491	0.757	0.751
样本量	430	430	430	430	430	430

另外，我们还分别基于 Koopman et al.（2010）、Feenstra and Romalis（2014）以及 Hausmann and Hidalgo（2010）等的研究方法，重新测算了研究样本期内各国的全球价值链分工位置指数、出口产品质量和出口技术复杂度。将此作为被解释变量价值链升级的替代指标，进行进一步的稳健性检验（结果参见表5.6）。结果依然与我们的预期结论相符。再次表明参与国际分工合作程度越高，该国在全球价值链体系中的分工地位也越高。计量结果还表明：国际分工程度的深入对出口产品质量和出口产品的技术复杂度水平的影响系数都显著为正，说明国际分工的深入不仅有利于出口产品在"垂直层面"的质

量提升，而且还有利于出口产品在"水平层面"的技术复杂度的更新。可见，融入全球价值链的国际分工对价值链的提升，不仅仅体现在价值链贸易结构方面，而且在出口产品结构方面也是如此。价值链分工体系的生成，发达国家往往将核心环节保留并专注于这些高技术、高附加值的环节，并不断将中低端环节以外包的形式转让给发展中国家，发达国家实现了高端专业化的过程。对于承接上述环节的发展中国家而言可能也是更为高端的生产工序环节，这样的话，国际分工合作的发包方和接包方都依托自身在产品链条中具体的某个生产阶段环节方面的比较优势，融入全球生产网络体系并参与了国际竞争分工合作，逐步实现本国内部产业升级和全球价值链分工地位的提升。而且本书发现契约环境能够影响贸易行为，这一发现与 Nunn（2007）等学者研究的结论一致，所以契约环境质量可以作为国际贸易活动产生的比较优势动力，即当一国（地区）契约环境越好，越有助于其自身融入国际化分工合作体系，并逐步提高价值链分工地位。

表5.6　　　　　　　　　因变量指标替换的稳健性估计结果

因变量	前向参与程度对价值链升级的影响			后向参与程度对价值链升级的影响		
	（1）	（2）	（3）	（4）	（5）	（6）
	位置指数	出口质量	出口复杂度	位置指数	出口质量	出口复杂度
GVC	1.203***	0.855	3.088***	2.550***	4.479***	1.518***
	(5.579)	(1.167)	(7.412)	(10.058)	(4.793)	(4.617)
GVC#契约制度	0.347***	0.406*	0.976***	0.321***	0.607	0.217
	(4.902)	(1.733)	(3.831)	(2.634)	(1.556)	(1.356)
人力资本	0.103	0.201**	0.103	−0.045	0.318***	0.006
	(0.977)	(2.420)	(0.967)	(−0.741)	(6.249)	(0.054)
研发投入	0.022***	0.012	0.031**	0.083***	0.019*	0.044***
	(3.155)	(1.548)	(2.574)	(7.341)	(1.788)	(3.208)
城市化	0.093	0.004	0.321	0.921**	0.881**	0.535
	(0.162)	(0.011)	(0.727)	(2.169)	(1.996)	(1.334)
服务水平	0.263***	0.129	0.337***	0.210***	0.484***	0.010
	(2.625)	(1.316)	(3.939)	(2.760)	(5.222)	(1.243)

续表

因变量	前向参与程度对价值链升级的影响			后向参与程度对价值链升级的影响		
	(1)	(2)	(3)	(4)	(5)	(6)
	位置指数	出口质量	出口复杂度	位置指数	出口质量	出口复杂度
基础设施	0.011	0.007	0.028***	0.004	0.0176	0.003
	(1.190)	(1.140)	(4.353)	(0.435)	(1.619)	(0.357)
金融发展	0.004**	0.005**	0.006***	0.001	0.007***	0.002
	(2.122)	(2.069)	(3.260)	(0.758)	(2.939)	(0.996)
常数项	−2.383	−1.642	−3.609**	−5.636***	−0.170	−3.273**
	(−1.156)	(−1.233)	(−2.211)	(−3.380)	(−0.089)	(−1.969)
国家固定	是	是	是	是	是	是
年份固定	是	是	是	是	是	是
调整 R^2	0.189	0.207	0.141	0.239	0.671	0.120
样本量	462	462	462	462	462	462

　　在前文中我们主要使用了 Kaufman et al. （2004） 开发的 Rule of Law 数据库来刻画契约环境的水平。不过，考虑到契约环境的衡量，涉及政治、经济、文化等诸多因素，实际上客观准确地量化存在一定的难度，契约环境往往存在难以量化的困难。目前学术界也有多种方法对契约环境水平进行刻画。为了消除制度度量方面的偏差对结果产生的影响，我们还使用了加拿大研究机构 Fraser institut 开发并对外提供的经济自由化指数 （EFW），以此作为契约环境的替代变量①，并进行了回归估计 （结果参见表5.7）。结果显示，虽然回归结果也和前文实证结果除了在数值方面存在一些差别之外，但是结果的方向和预期基本一致。

---

① 该数据的下载地址为：www. fraserinstitute. org。

表 5.7　　　　　契约环境自变量指标替换的稳健性估计结果

因变量	前向参与程度对价值链升级的影响			后向参与程度对价值链升级的影响		
	（1）	（2）	（3）	（4）	（5）	（6）
	位置指数	出口质量	出口复杂度	位置指数	出口质量	出口复杂度
GVC	4.372***	6.628***	12.85***	5.985***	5.357***	9.184***
	（8.923）	（7.350）	（9.658）	（7.923）	（5.373）	（14.475）
GVC#契约制度	0.479***	0.809***	1.427***	0.523***	0.115	1.052***
	（6.834）	（6.906）	（9.132）	（5.886）	（0.975）	（12.682）
人力资本	0.139	0.298***	0.037	0.001	0.232***	0.151*
	（1.614）	（2.898）	（0.439）	（0.010）	（3.362）	（1.662）
研发投入	0.070***	0.055***	0.058***	0.040***	0.016	0.046***
	（5.220）	（5.661）	（9.959）	（3.778）	（1.614）	（3.916）
城市化	0.207	0.021	0.452	0.074	0.295	0.033
	（0.499）	（0.061）	（1.205）	（0.147）	（0.924）	（0.075）
服务水平	0.0392	0.234**	0.221***	0.0352	0.303***	0.139*
	（0.506）	（2.113）	（2.789）	（0.421）	（4.610）	（1.910）
基础设施	0.026***	0.027***	0.013**	0.039***	0.006	0.028***
	（3.552）	（3.712）	（2.441）	（5.298）	（0.836）	（3.519）
金融发展	0.001	0.001	0.002	0.003	0.009***	0.001
	（0.997）	（0.314）	（1.198）	（1.589）	（4.664）	（0.659）
常数项	− 2.266	− 0.701	− 3.762***	− 1.699	− 1.792*	− 0.555
	（− 1.491）	（− 0.496）	（− 2.835）	（− 0.865）	（− 1.719）	（− 0.313）
国家固定	是	是	是	是	是	是
年份固定	是	是	是	是	是	是
调整 R^2	0.867	0.906	0.683	0.642	0.630	0.717
样本量	462	462	462	462	462	462

四、 影响渠道分析

上述实证分析结果基本得出了以下结论：融入全球价值链国际分工中能够
提升价值链位置。并且契约环境质量越优异的国家或地区，价值链国际分工的
作用对价值链地位的提升作用也更加明显。接下来，我们首先需要关心的是，

国家以及企业参与全球价值链国际分工，具体是通过什么渠道和机制实现价值链地位升级？虽然生产率并不等于一切，但长期来看它几乎囊括了一切（Krugman，1991）。可见，作为是经济增长源动力的生产率是无法回避的问题。已有大量文献表明，参与全球化国际分工，扩大了市场需求规模，面临更具挑战的市场竞争环境，并通过市场规模效应、竞争效应以及技术溢出等诸多效应提高劳动生产率（Baldwin and Yan，2014；刘维刚等，2017）。在本书第三章的理论分析中也表明参与价值链的企业通过技术升级的途径，提高生产率水平，进而影响着自身价值链地位的提升。

因此，我们在本章计量模型的基础之上，将全要素生产率作为被解释变量进行回归，用于进一步探究国际分工对价值链提升影响的可能机制（结果参见表5.8）。另外，在全球价值链分工的大背景下，国际分工贸易合作形式也是多样的，不仅存在仅需要一次跨境合作仅能完成国际分工的简单模式（GVC_S），还存在需要多次跨越国境而完成国际分工的复杂形式（GVC_D）。在此，我们基于Wang et al.（2017）的方法，对参与全球价值链国际分工的方式进行识别，并分别与生产率进行实证回归，用于探究不同参与方式对生产率作用的效果是否存在差异。另外需要说明的是，本书使用的国家层面的全要素生产率是基于Lai and Zhu（2007）以及程大中等（2015）采用的多边增加值全要素生产率指数[①]。通过实证发现，在控制其他变量的情况下，无论是前向（供给）视角还是后向（需求）视角，随着参与全球价值链程度的不断深入，对国家水平的生产率都有着显著的正向作用。并且，不管是通过仅需要一次跨境合作仅能完成国际分工的简单模式，还是需要多次跨越国境而完成国际分工的复杂形式参与全球价值链分工体系中，都能促进生产率水平的提升。

---

① 具体测算全要素生产率的过程和步骤的具体说明参见本书的附录三。

表 5.8　　　　　　　　　　　机制检验的估计结果

	前向参与程度对生产率的影响			后向参与程度对生产率的影响		
	（1）	（2）	（3）	（4）	（5）	（6）
GVC	1.186***			2.455***		
	(4.592)			(4.633)		
GVC#契约制度	0.246***			1.023***		
	(3.661)			(3.748)		
GVC_S		3.126***			3.497***	
		(4.830)			(3.534)	
浅层 GVC#契约制度		1.587***			1.258**	
		(3.185)			(2.305)	
GVC_D			4.351***			3.207***
			(4.054)			(4.293)
深层 GVC#契约制度			2.341***			2.003***
			(3.374)			(4.154)
人力资本	0.158	0.153	0.136	0.191	0.0113	0.210
	(0.697)	(0.678)	(0.591)	(0.823)	(0.049)	(0.896)
研发投入	0.028	0.023	0.038	0.018	0.013	0.031
	(0.522)	(0.420)	(0.714)	(0.339)	(0.245)	(0.580)
城市化	1.073***	1.125***	1.011***	1.167***	1.222***	1.121***
	(3.506)	(3.697)	(3.252)	(3.831)	(3.932)	(3.656)
服务水平	1.188***	1.142***	1.223***	1.096***	0.946***	1.327***
	(3.520)	(3.396)	(3.561)	(3.196)	(2.725)	(3.807)
基础设施	0.042**	0.042**	0.055***	0.045**	0.042**	0.048**
	(2.470)	(2.170)	(2.750)	(2.327)	(2.093)	(2.445)
金融发展	0.003	0.003	0.002	0.002	0.010	0.003
	(0.304)	(0.333)	(0.219)	(0.181)	(0.965)	(0.270)
常数项	0.103	0.490	−0.325	0.877	1.251	−0.075
	(0.055)	(0.264)	(−0.170)	(0.470)	(0.654)	(−0.040)
国家固定	是	是	是	是	是	是
年份固定	是	是	是	是	是	是
样本量	316	316	316	316	316	316
调整 R^2	0.245	0.248	0.224	0.238	0.210	0.226

第五节　本章小结

本章的主要内容包括计量模型的设定、指标的构建与处理、数据来源说明和计量回归结果分析四个部分。

首先，借鉴 Nunn（2007）、李坤望和王永进（2010）、戴翔和金碚（2014）等学者研究的方法，在计量模型中引入国际分工程度与国家水平的契约环境的交互项，用于检验国际分工程度对价值链提升的影响作用机制是否受到契约环境的制约和影响。

其次，采用 Wang et al.（2017）基于生产分解模型构建，构建的前向、后向不同视角下的全球价值链参与程度指数（Global Value Chain Participation Indexes，GVCPI）作为国家水平的参与国际分工程度指标，运用 Kaufman et al.（2004）开发的 Rule of Law 数据库，作为国家层面的契约环境（Contract Enforcement）的度量指标。运用全球价值链分工位置指数、出口产品质量和出口技术复杂度三个指标从价值链贸易结构和出口产品质量两个维度衡量价值链升级。通过对需要研究对象的量化并对数据来源和处理进行说明，为后期计量研究作相应准备。

最后，运用跨国面板数据实证研究了国际分工、契约环境对价值链升级的影响。一是通过普通最小二乘法，得到初步结论：参与国际分工程度的提升，对价值链提升有正向促进作用，而且契约环境越好的国家或地区，参与国际分工对该地区的价值链提升作用越明显。二是再使用动态 GMM 方法以及运用相关指标替代等做法，进行了内生性和稳健性检验，结果与普通最小二乘估计的结果基本一致，说明结论可靠可信，即参与价值链国际分工对价值链的提升受到契约环境的影响。另外，本章还发现参与全球价值链通过影响生产率的渠道影响本国价值链提升。

第六章
新型国际分工参与程度、
契约环境与价值链升级
——中国微观企业数据分析

在上一章分析中，运用了跨国面板数据计量检验了国际分工、契约环境与价值链升级三者之间的关系，并得出参与全球价值链国际分工能够实现价值链、出口产品质量升级。并且契约制度环境越好的国家和地区，参与国际分工对价值链升级的作用越明显的结论。但基于宏观跨国面板数据存在样本量偏少、自由度偏低等客观实证计量方面可能引起估计结果不够准确的隐患。其次，本书还发现由于中国幅员辽阔，各地文化风俗、经济发展水平等客观方面的差异，各地契约制度环境有着明显的差异，呈现出"传统思想"和"法制精神"共存，"计划指令"和"自由市场"同在的现状（茹玉骢等，2010；蒋冠宏和蒋殿春，2012）。基于上述原因，本章使用中国工业企业数据作为研究样本，从中国微观企业的角度对参与价值链国际分工、契约环境与价值链升级进行实证研究。

第一节 计量模型的设定

本书研究的主要内容是参与国际分工程度对价值链提升的影响，并且探究这种影响作用机制是否受到契约环境的制约与影响。不过，这种影响途径难以用普通的线性模型进行捕抓。所以，借鉴 Nunn（2007）、李坤望和王永进（2010）和余淼杰等（2016）学者的研究方法，通过在计量模型中添加参与价值链国际分工程度与契约环境的交互项的方式进行处理。具体地，本节使用如下方程进行计量估计：

$$Upgrade_{ijt} = \beta_0 + \beta_1 GVC_{ijt} + \beta_2 GVC_{ijt} * Inst_{ijt} + \beta Controls + \varepsilon_{ijt}$$

该式中，下标 i、j 和 t 分别代表企业、地区和年份。与上一章类似，被解释变量 $Upgrade_{ij}$ 表示价值链提升，而本书关注的核心解释变量 GVC_{ij} 和 $Inst_{ij}$，分别代表企业参与价值链国际分工程度情况和各省份地区契约制度环境。Controls 则表示其他控制变量，用于控制企业微观性质特征。ε_{ijt} 表示误差项，本书假定其服从正态分布，即 $\varepsilon_{ijt} \sim N(0, \sigma^2)$。

第二节　指标的构建和处理说明

（一）被解释变量 $Upgrade_{ijt}$，表示微观企业价值链提升

本章同样使用价值链国际分工位置指数、出口产品质量和出口技术复杂度三个指标衡量企业价值链升级情况。

其中，全球价值链分工位置指数，最早由 Koopman et al.（2010）提出并给出测算公式，该公式是在贸易增加值分解方法的基础上，提出了测算一国（行业）在全球价值链所处位置的指数——GVC 位置指数（GVC Position Index），它是用于刻画在 GVC 分工中的位置指标之一，其计算公式为如下形式：

$$GVC\_Position = \ln\left(1 + \frac{IV}{E}\right) - \ln\left(1 + \frac{FV}{E}\right) \qquad (6-1)$$

其中，IV 表示他国出口中的本国间接出口的价值量，即本国出口价值以中间投入的名义出口到另外一个国家后，在该国进行加工后不在本国消费，最后作为最终品出口到第三国进行消费的价值。FV 表示的则是出口中的非本国的含

量价值，即本国出口的最终品中所含有的其他国家中间投入价值含量。而 E 则是本国贸易增加值口径统计的出口价值量。该指标也较为广泛地作为刻度国家以及行业在全球价值链中具体位置的指标之一（杨继军和范从来，2015；戴翔等，2017）。

不过该种指标仅能测算到国家—行业层面，而无法计算企业层面的价值链位置指数。因此，我们尝试运用 Fally（2012）和 Antràs et al.（2012）等开发的方法中的上游度指数，并借鉴 Chor et al.（2016）的做法，将测算行业价值链位置的计算方法延伸拓展到企业层面。根据投入产出表中的信息可知，中间使用和最终使用之和等于总产出。而中间使用、中间投入、总投入和总产出四者之间又存在一定函数关系，从最后通过迭代得到了产出和最终使用之间的关系，表达式为[①]：

$$U_i^r = 1 \times \frac{F_i^r}{Y_i^r} + 2 \times \frac{\sum\limits_{s=i}^{S}\sum\limits_{j=1}^{J} a_{ij}^{rs} F_j^s}{Y_i^r} + 3 \times \frac{\sum\limits_{s=1}^{S}\sum\limits_{j=1}^{J}\sum\limits_{t=1}^{S}\sum\limits_{k=1}^{J} a_{ij}^{rs} a_{jk}^{st} F_k^t}{Y_i^r} + \cdots$$

$$(6-2)$$

其中，a_{ij}^{rs} 表示中间投入系数，而 Y 和 F 则是总产出和最终使用价值。U 为上游度指数，它描述的是某产业的产出和最终使用间的加权距离（Distance）关系，在全球投入产出表的分析框架下测得该值越高，说明此产业处于价值链越上游的位置（鞠建东和余心玎，2014；王永进等，2016）。基于上述方法，并利用中国国家统计局编制的 2007 年 135 个部门行业的投入产出数据进行相关计算测得各行业上游度水平，随后再根据统计局公布的行业与海关产品匹配对照表测得各进出口产品的上游度指标，最终加权测得出企业的上游度指数。其具体计算公式如下[②]：

① Fally（2012）和 Antràs et al.（2012）虽然从不同的角度构造上游度指数，不过通过数理可以证明两者其实是等价的，因此，本书仅以 Antràs et al.（2012）的方法展开说明。

② 中国 2007 年 135 部门行业的上游度指数参见本书附录四。

107

$$U_{ft}^e = \sum_{d=1}^{N} \frac{X_{fit}}{X_{ft}} U_d \qquad (6-3)$$

$$U_{ft}^i = \sum_{d=1}^{N} \frac{X_{fit}}{X_{ft}} U_d \qquad (6-4)$$

其中，e 和 i 表示出口和进口，而 f，t 和 d 则分别表示企业、年份和行业产业部门，X 表示贸易规模。所以，U_{ft}^e 和 U_{ft}^i 分别表示企业出口上游度和上游度大小。因此企业层面的上游度水平为

$$\text{position} = U_{ft}^e - U_{ft}^i = \sum_{d=1}^{N} \frac{X_{fit}}{X_{ft}} U_d - \sum_{d=1}^{N} \frac{X_{fit}}{X_{ft}} U_d \qquad (6-5)$$

对于出口产品质量的测度，大多研究主要集中于国家层面，而对于企业层面的研究并不能直接套用宏观测算方法，目前微观测算方法仍处于起步阶段（Piveteau and Smagghue，2015；魏浩和林薛栋，2017；余淼杰和张睿，2017）。因此，我们借鉴 Khandelwal et al. （2013）研究做法，从消费需求层面出发测算出口产品质量。该种方法的优点在于剔除了产品价格因素对质量的影响，而且计算方法相对简单，其具体测算步骤为：首先假设消费者的效用函数为 CES 函数，及考虑了生产效率的产品需求函数分别为

$$U = \left(\int_{\zeta \in \Omega} \left(\lambda_c(\zeta) q(\zeta) \right)^{(\sigma-1)/\sigma} d\zeta \right)^{\sigma/(\sigma-1)} \qquad (6-6)$$

$$q_c(\varphi) = \lambda_c^{\sigma-1}(\varphi) p_c^{-\sigma}(\varphi) P_c^{\sigma-1} Y_c \qquad (6-7)$$

其中，U，q 和 Y 分别为消费者的效用、产品的需求数量和消费支出；$\zeta \in \Omega$ 表示消费者购买的商品集合，$q(\Omega)$ 表示消费者购买每种产品的数量，σ 为消费需求弹性，φ 表示生产效率，c 表示的是出口国。

通过上述两个表达式发现，产品的质量和价格都会对产品的需求量产生影响，即企业可以通过高质量或者高生产率获得较高的市场份额。但是产品的价格过高或者产品的质量偏低，同样不能使企业获得较高的市场份额，所以，在上式的基础上，我们还假设了企业间的生产率水平相同，所以企业 f 在 t 时期的出口产品质量可以通过以下方法计算获得：两边取对数，我们可以通过最小

二乘法得到企业—国家—产品—年份水平的出口产品质量：

$$\ln q_{fhct} + \sigma \ln p_{fhct} = \alpha_h + \alpha_{ct} + \varepsilon_{fhct} \qquad (6-8)$$

其中，式（6-8）右边通过 α_h 和 α_{ct} 为固定效应，它们控制了年份—国家—产品三方面的影响。残差项（ε_{fhct}）则是剔除了价格等因素后测得的产品质量，其可表示为

$$\text{quality}_{fcht} = \hat{\lambda} = \hat{\varepsilon}_{fcht} / (\sigma - 1) \qquad (6-9)$$

另外，本书将需求弹性（σ）的大小设定为5（樊海潮和郭光远，2015）。而且还需要注意的是，以上企业出口产品质量是通过回归计算残差项而计算得到的，其数值大小不能简单地进行比较。所以为了便于比较，还需要借鉴施炳展（2013）的方法对上式中计算出来的质量指数进行标准化处理[①]：

$$r - \text{quality}_{fcht} = \frac{\text{quality}_{fcht} - \min \text{quality}_{fcht}}{\max \text{quality}_{fcht} - \min \text{quality}_{fcht}} \qquad (6-10)$$

标准化后的出口产品质量指数便可在不同层面上进行加总。在测得每个企业针对每个出口目的国每种涉及的产品质量之后，再将出口产品的规模作为权重加重到企业层面，所以企业出口产品质量的最终加权表达式为

$$\text{quality}_{ft} = (r - \text{quality}_{fcht}) \times \frac{\text{ex}_{fcht}}{\sum \text{ex}_{fcht}} \qquad (6-11)$$

其中，quality_{ft} 表示企业 - 时期内出口产品质量加权指数，ex_{fcht} 则是每种产品的出口份额，$(r - \text{quality}_{fcht})$ 为标准化后的质量，它的取值范围为 $[0, 1]$。

对于企业层面的出口技术复杂度的测算，我们使用的方法是第五章提到的方法，即使用 Albeaik et al.（2017）基于 Hausmann and Hidalgo（2010）构建的能力理论反射理论并对其模型进行相关修正的方法[②]。通过这种方法测得每种产品的出口技术复杂度水平之后，再借鉴 Poncet and Waldemar（2013）、

[①]　标准化后的出口产品质量指数以纲量的形式存在，因此不含有单位，可以在不同层面加总，从而进行纵向比较分析。

[②]　有关出口复杂度测算方法的具体过程参见本书的第五章。

Maggioni et al.（2016）等学者的做法，通过加权的方式测得微观企业的出口产品技术复杂度水平，其表达式为

$$EXPY_{i,t} = \sum_{p=1}^{P_i} \frac{x_{i,p,t}}{x_{i,t}} K_{p,n}^{std} \tag{6 - 12}$$

（二）核心解释变量 GVC_{ijt}，其含义为参与价值链国际分工的程度

目前较为通用的做法是，使用国际投入产出模型并借助 HIY 方法以及 HIY 方法改进下的诸如 KWW、WWZ、WWYZ 等分解方法。这些方法为衡量全球价值链国际分工及其测度提供了较为清晰严谨的理论分析框架。但是这些方法均需要使用以行业为最小单位的投入产出表，因此无法渗入企业微观层面。而且本章研究的主要问题是中国制造企业参与全球价值链分工的问题，又由于中国对外贸易形式的特殊性（张杰等，2013；李胜旗和毛其淋，2017）。我们采用 Hummels et al.（2001）提出的垂直专业化率（VSS）概念作为企业参与全球价值链国际分工指数的代理变量[①]。垂直专业化率越高，说明该行业参与全球价值链的程度越深，反之则表示参与程度越浅。垂直专业化程度是指出口产品中的国外价值占比情况。加工贸易和一般贸易对外出口二元结构下的中国，必须考虑不同贸易方式在对最终品的使用方面具有明显的区别。对于一般贸易而言，进口中间品生产投入企业生产活动，最终以成品的形式出口到国外，或为了满足国内需求而向国内销售。而对于加工贸易来说，这些商品进口的最终目的是出口，并不参与加工进口国的消费或者生产活动。并且承接国针对加工进口品，大多数是承担低附加值的组装装配环节，实际所得报酬并不多。而起初的 HIY 方法并没有考虑贸易类型，数据显示，虽然近年来加工贸易在中国对外贸易中的比重有所下降，但所占比例一直维持在 50% 左右（戴觅等，2014）。中国大量企业不仅通过一般贸易的方式参与全球化，而且还有许多企

---

① 已有大量文献使用该项指标作为微观企业融入价值链程度的代理指标，如 Upward et al.（2013）、唐东波（2013）、吕越等（2017）。

业通过加工贸易的形式参与国际分工。在这种情形下，本书通过中国海关进出口数据的贸易方式，对参与国际分工的企业进行识别[①]，最后可将企业分为仅进行加工贸易的企业、仅进行一般贸易的企业和混合贸易企业三种类型。前面两种类型的垂直专业化程度分别为

$$VSS_p = M_p/EXP_p \qquad (6-13)$$

$$VSS_o = M_o/EXP_o \qquad (6-14)$$

其中，M_p 为企业加工贸易中间品进口，X_p 为企业的加工贸易的总出口。M_o 为企业一般贸易中间品进口，X_o 为企业的一般贸易总出口。上述两种企业可视为第三种类型企业的极端情形，所以混合出口的企业的垂直专业化程度为

$$VSS = a \times VSS_o + b \times VSS_p，且 a + b = 1 \qquad (6-15)$$

通过上述表达式可知，测算企业参与国际分工程度的前提是要对进口中间品进行识别。对于加工贸易而言，根据有关规定，以加工名义进口商品，材料及设备都必须进行备案处理，使加工进口的中间品能够很快地通过进出口海关数据进行鉴别。相对而言，一般贸易的中间进口品处理过程就有些繁杂。首先，我们需要识别企业进口产品是属于生产用途的中间品，还是资本品或最终品，只有明确了进口中间的投入才能较为准确地估计出口产品的国外增加值含量。根据海关要求，进出口产品根据 HS 编码对其进行报备。而 HS 编码是无法识别产品的具体用途，所以在此我们参考唐东波（2013）的做法，通过联合国提供的 HS 编码与 BEC 转换编码[②]，识别每种产品的最终用途，最终得到一般进口类型下的中间进口品数据信息。另外，因为中国存在对外贸易活动的进出口权限制等历史原因问题，使很多企业并不是以自身名义完成进出口活动，而是需要借助中间贸易商作为第三方完成国际贸易活动（Lu et al.,

---

① 根据海关要求，企业所有进出口产品在进出关时都必须填报贸易方式，我们通过贸易方式对企业参与国际分工行为模式进行识别。另外，由于包括国际援助等其他类型的贸易规模并不是很大，仅占历年样本数据1%左右，所以本书对于上述贸易类型不作研究。

② 按照广义经济分类法，将商品划分为中间品、最终消费品和资本品三种类型。

2017）。在实际生产活动中，存在一些拥有进出口权的企业也充当了贸易中间商的角色，为那些未取得进出口权的企业进行进出口活动。这使有些企业在财务数据中出现了进口中间投入品大于企业中间投入总额的怪象。所以如果忽略这部分国外中间进口品的价值，显然会低估出口企业的垂直专业化水平。这一现象即使在2004年之后，采用上述方式进出口的产品在我国整个贸易活动的比例也很大。已有研究发现，2000—2006年总进口额的两成左右是由贸易中间商完成的（Ahn et al.，2011；张杰等，2013）。为此，我们采用Ahn et al.（2011）和苏丹妮等（2017）的做法对于进出口企业名称中含有"经贸""贸易"等字眼的企业视为贸易中间商。所以，企业的实际进口中间进口产品价值（IMP_{itk}^{total}）由贸易中间商代理进口（IMP_{itk}^{custom}）和自身直接进口（IMP_{itk}^{inter}）两部分组成，即 $IMP_{itk}^{total} = IMP_{itk}^{custom} + IMP_{itk}^{inter}$。企业直接进口部分可以由中国海关数据库的数据加总到企业层面汇总而得，而间接进口部分无法准确测得，需要通过估算获得该部分数据，换句话说，我们需要对企业中的一般贸易方式下通过第三方贸易中间商代理进口的比例（$IMP_{itk}^{inter} / IMP_{itk}^{total}$）进行估算。这一部分比例我们可通过在识别进口中间商在各项产品代理比例的前提下，进行估算，最后得到每家企业实际使用的中间进口品的价值为①

$$IMP_{itk}^{total} = \frac{IMP_{itk}^{custom}}{1 - \sum_{k=1}^{n} \beta_{kt} \, INTERATE_{kt}} \tag{6-16}$$

而且在梳理以往测算中国微观企业垂直专业化水平或贸易增加值方面的文献时发现，对于出口产品的含量还忽略了企业资本折旧所得问题（唐东波，2012），中国本土企业通过对国外资本品的进口提升自身企业的出口竞争力水平。在测算中国出口企业垂直专业化水平时势必要把进口资本品的折旧所得纳入测算

---

① 与进口相同，许多企业也同样通过贸易中间商对外出口活动，本书借助 Upward et al.（2012）采用的方法对出口价值进行处理。换言之，由于企业库数据中含有企业的出口交货值内容，我们使用该指标作为每家企业的出口价值量，而不采用海关数据库中各企业出口价值量，

步骤，否则会低估企业的垂直专业化比率。鉴于此，我们参照张杰等（2013）和余淼杰等（2017）的做法，将企业每一年进口品的资本折旧所得计算出来，并纳入企业出口产品的国外价值范畴里考虑。其具体做法如下：假设在样本存活 T 期的企业，在时期 t（$t \leqslant T$）进口的资本品需要在剩余的样本时期内的每一期进行资本品中间折旧。从而，便可以得到企业 t 期的资本折旧累积价值为

$$\mathrm{TCAP}_{ijt} = \sum_{s=1}^{t} \xi \times \mathrm{CAP}_{ijt} \qquad (6-17)$$

其中，资本品的识别与上面论述识别中间品的方法雷同，即使用 BEC 编码与 HS 编码对照表识别出进口产品中的资本品。公式中的 ξ 为资本折旧率，本书采用单豪杰（2008）估算中国制造业的固定资本折旧率为 10.96%，以此作为折旧水平值。

最后，由于全球生产网络下的垂直专业化分工生产模式的形成，中间产品的贸易往来逐渐成为各国对外贸易活动的主要对象，数据显示全球贸易量的三分之二为中间产品贸易。许多产品由过去一国单独生产，逐渐变为"全球生产，一国装配"，从而产生国外进口中间品中含有中国本土自身的增加值。同理，企业从国内购买的中间品中也可能包含一部分国外增加值。显然，在计算某一企业的垂直专业化比率时需要在计算范围内将前者价值剔除，同时也需要将后者纳入测算（Dean et al.，2011）。上述两部分的信息价值是无法从企业微观数据捕抓到的。为此，我们借鉴 Koopman et al.（2014）及王直等（2015）对贸易增加值分解的方法，并利用 2013 版 WIOD 数据计算出中国制造业行业水平的出口价值中间接进口比例和本国出口价值中返回价值比例，利用行业比例近似替代微观企业的水平。另外，为了将 WIOD 数据中的制造业行业与中国的国民经济行业分类对接，由于 WIOD 中的行业分类较粗，我们将中国国民经济的行业分类（GB/T4754—2002）与 WIOD 的行业大类进行整合集结匹配①。通过梳理以上相关文献发现，就理论层面而言，测算企业的垂直专业

_____

① WIOD 和中国国民经济行业分类对照表参与本书附录五。

化比率的技术与方法合理、符合逻辑。可是用上述方法计算中国企业微观的垂直专业化程度时，需要综合考虑唐东波（2012）、张杰等（2013）、Kee and Tang（2016）等提出有关进口产品识别、贸易中间商、进口资本品折旧以及全球价值链下的中间品投入的隐含价值来源等问题。最后，得出测算中国企业参与全球化分工程度下的垂直专业化水平公式

$$GVC_{ijtp} = VSS_{ijtp} = \frac{IMP_{ijtp}^{total} \mid_{BEC} + D_{ijtp} \mid_{BEC} + (\theta_j - \theta'_j) \times EXP_{ijtp}^{total}}{EXP_{ijtp}^{total}}$$

$$(6-18)$$

$$GVC_{ijto} = VSS_{ijto} = \frac{(IMP_{ijto}^{total} \mid_{BEC} / Y_{ijt}) \times EXP_{ijto}^{total} + D_{ijto} \mid_{BEC} + (\theta_j - \theta'_j) \times EXP_{ijto}^{total}}{EXP_{ijto}^{total}}$$

$$(6-19)$$

$$GVC_{ijtm} = VSS_{ijtm} = \beta \times \frac{IMP_{ijtp}^{total} \mid_{BEC} + D_{ijtp} \mid_{BEC} + (\theta_j - \theta'_j) \times EXP_{ijtp}^{total}}{EXP_{ijtp}^{total}}$$

$$+ \alpha \frac{(IMP_{ijto}^{total} \mid_{BEC} / Y_{ijt}) \times EXP_{ijto}^{total} + D_{ijto} \mid_{BEC} + (\theta_j - \theta'_j) \times EXP_{ijto}^{total}}{EXP_{ijto}^{total}}$$

$$(6-20)$$

上述三个式子依次为加工贸易（p）、一般贸易（o）和混合贸易（m）三种类型微观企业的全球价值链参与程度指数。而其中的下标 i、j、t 则分别表示企业、行业和时间。BEC 则代表着联合国制定的广义经济分类标准，它用于识别贸易产品的具体用途。分母中的 EXP 代表企业出口总额，该指标采用工业库中的企业出口交货值；分子中的字母 D 表示企业资本折旧的累积额，Y 则表示企业销售额，θ 和 θ' 则代表企业所在行业的间接进口比例返回增加值比例①。α 和 β 分别表示混合企业中一般贸易和加工贸易出口份额比重，所以上述两个指标存在以下的数学关系，即 $\alpha + \beta = 1$。

---

① 此处的 θ 和 θ' 的数值，我们使用了 2013 版 WIOD 数据版数据库计算而来，另外，我们也以 2016 版的数据为基础，测算了各企业垂直专业化分工程度，以此作为稳健检验，特此说明。

（三）核心解释变量 $Inst_{ijt}$ ，表示的是契约环境

如何对中国各地区的契约环境指标进行合理的量化是本章进行实证的基础。本节主要采用樊纲和王小鲁等主编的《中国市场化指数报告》。这套报告提供的指标数据优点在于，它不仅给出了连续且较长时间跨度下中国不同省份契约执行的量化指标，而且还涵盖了律师和会计师等市场组织服务条件、知识产权保护、对消费者与生产者权益保护四个方面对契约制度质量的综合评价。并且已有大量研究将此套数据作为刻画契约环境、产权保护等制度质量因素的代理变量（樊纲等，2011；邓宏图和宋高燕，2016）。所以本节选用该套指标中有关指标作为量化契约环境水平的代理指标。表 6.1 给出了 2008 年中国各地区契约环境指数水平，通过横向比较发现，当年中国契约环境最好的三个地区分别为浙江（11.16）、江苏（10.58）和上海（10.42），而排名最后的地区则分别为西藏（1.36）、青海（3.45）和甘肃（4.88）。从全国区域分布来看东部沿海地区契约环境最好，中部地区次之，西部地区较差，这也印证了中国地区之间契约制度环境确实存在着不小的差异，使在法律执行效率方面出现不平衡的现象。

表6.1　　　　　　　2008 年中国各地区契约环境综合指数情况

省份＼名称	指数	省份名称	指数	省份＼名称	指数	省份名称	指数
北京	9.58	天津	9.19	河北	7.16	山西	6.18
内蒙古	6.15	辽宁	8.31	吉林	6.99	黑龙江	6.07
上海	10.42	江苏	10.58	浙江	11.16	安徽	7.64
福建	8.78	江西	7.48	山东	8.77	河南	7.78
湖北	7.33	湖南	7.18	广东	10.25	广西	6.20
海南	6.44	重庆	7.87	四川	7.23	贵州	5.56
云南	6.04	西藏	1.36	陕西	5.66	甘肃	4.88
青海	3.45	宁夏	5.78	新疆	5.23		

资料来源：王小鲁、樊纲、余静文等. 中国分省份市场化指数报告 2016 ［M］. 北京：社会科学文献出版社，2017.

另外，我们还使用了世界银行撰写的《2008 年中国营商环境报告》提供的数据作为契约环境的代理变量。具体来说，该份报告提供了除拉萨外，中国三十个省会城市的诉讼时间和诉讼费用两项能够客观评价当地契约执行效率的指标。同时参考茹玉骢（2009）、盛丹和王永进（2010）等学者的处理方法，获得各省份契约制度指标，将其作为进行相关稳健分析的基础①。不过需要说明的是，由于该报告仅统计公布了 2008 年中国各省会及直辖市等主要城市的情况，尽管同一地区内部各城市以及城乡之间依然在契约制度质量上存在差异，但基于以下几个原因，我们认为使用该项指标并不影响对契约制度问题的研究。首先，从短期来看，不同地区的契约环境变化不大，而且省会城市与本省管辖内其他城市在法律执行等制度环境建设方面基本是趋同的，使同一省份内各地区间的诉讼成本、法律法规执行效率等契约制度质量无明显差异。其次，即使同一地区城乡之间确实存在契约制度方面的差异，但本书研究的主题是企业参与国际分工对价值链升级的影响，而研究主体是制造企业，它们大多集中于城市，所以这种差异对本书研究的问题影响并不大，因而在后续的稳健性分析中使用该项指标作为该省契约环境量的代理变量。

（四）其他控制指标 Controls

本书结合中国工业企业数据库提供的财务指标，并借鉴了 Bernard and Jensen（2004）、孙灵燕和李荣林（2011）及章韬和孙楚仁（2012）等学者的做法，最终选取使用并构建了包括企业成立时间等在内 6 项企业或行业指标作为控制变量，用于控制企业微观个体的行为特征，其构建方式参见表 6.2。

---

① 诉讼时间表示诉讼开始到结束的平均需要的天数，而诉讼费用指的是法院诉讼费与标的物价值的比值。构建该项指标的具体做法是，使用各省份中最低诉讼时间除以每个省份的诉讼时间，获得用诉讼时间衡量的契约制度质量单项指标。然后，对诉讼费用单项也使用同样的处理方法，获得诉讼费用量化的契约制度水平的另外一单项指标。最后，对上述两个指标分别赋予 50% 的权重进行加权处理，得到各个省份契约制度的综合指标。

表6.2   控制变量的含义及其构建方式

控制变量含义	构建方式
企业成立时间	企业成立时间 = 当年所处的年份 − 企业成立的年份 + 1
企业规模	企业规模 = 企业员工从业人数
企业资本强度	企业固定资产总额/企业员工从业人数
企业融资约束	企业融资约束 = 企业利息支出/总资产
企业出口强度	企业出口强度 = 企业出口交货值/销售收入
行业集中度	本文用赫芬达尔—赫希曼指数（Herfindahl − Hirschman Index，HHI）进行度量，测算公式为 $HHI = \sum_{i}^{N} (X_i/X)^2 = \sum_{i}^{N} S_i^2$。其中，$X$ 为行业的总规模，用行业总产值表示；X_i 为行业内单个企业的规模，用企业的工业总产值表示；S_i 为第 i 个企业的市场占有率；N 为行业内的企业数目。

第三节 数据来源和描述性统计

本节使用的数据主要来源于以下五套数据库：中国工业企业数据库（Chinese Industrial Enterprises Database，CIED）[①] 和中国海关贸易数据库（China Customs Trade Statistics，CCTS）、中国 2007 年投入产出数据、UN − comtrade 数据库提供的全球贸易数据以及世界投入产出数据（WIOD）。另外，本书研究的时间范围为 2000—2007 年。

对于测算中国制造业企业的全球价值上游度指数，需要使用中国统计局公布的 2007 年 135 个部门投入产出数据。首先，通过该表测算出中国行业层面的上游度指数，之后根据该数据提供的行业产品对应表进行匹配，得出 HS 编码下各种产品的上游度指数，再根据企业的进出口情况加权得到企业的上游度指数。需要说明的是，虽然我们也获得了 2007 年与 2012 年中国投入产出表，

[①] 在有些英文期刊中将中国工业企业数据库翻译为 China Annual Survey of Industrial Firms 或 China Annual Survey of Manufacturing Firms。

但是这两张表并未提供行业—产品对应匹配表，所以本书历年的行业上游度指标均由 2007 年的结果进行替代。其次，再利用中国海关贸易数据库和UN – comtrade 数据库提供的全球贸易数据库测算出企业出口产品质量和出口技术复杂度。再次，使用中国工业企业数据库和中国海关数据库，并借助 WIOD 数据测算出的行业水平的出口价值中间接进口比例，以及本国出口价值中返回价值比例为辅助数据，再按照上一节介绍的方法进行匹配，测得企业层面的垂直专业化程度，即视为全球价值链国际分工水平。最后，对于其他控制变量构造时所需数据，均来自中国工业企业数据库。

中国工业企业数据库涵盖了所有制造业和煤矿采掘业及水、电供应行业。其中，制造业占全样本的 90% 左右。该数据的优点在于，样本量极为庞大，且含有许多有关企业财务状况的指标，是目前研究中国制造业企业行为的主要数据来源。另外，需要说明的是，由于原始数据在收集数据方面的不严谨，使样本中存在大量不合理的观测企业。我们参考谢千里等（2008）、聂辉华等（2012）和杨汝岱（2015）的处理做法并借助一般公认会计原则（GAAP）的相关内容，对该数据进行清洗，删除行为异常的企业。具体操作如下：剔除关键缺失的企业；清除那些出现如固定资产大于总资产等明显与会计准则不符的企业；删除规模小于 8 人的企业；等等。由于本节主要研究的对象是中国制造企业，所以我们还参考了 Brandt et al.（2012）的做法仅保留了样本中行业编码在 13 ~ 42 的制造行业①。因为在中国工业企业数据库中企业代码为 9 位数，而在中国海关数据库中企业代码却标注为 10 位数字，即两个数据库使用了不同的编码系统来标记企业，所以两个数据库不能直接合并。本书参考了田巍和余淼杰（2012）、Fan et al.（2013）以及杨红丽和陈钊（2015）的方法，对上述两数据库进行匹配。最终结果显示，在中国工业企业数据库中的近一半的企

---

① 考虑到在 2003 年前后中国产业分类标准发生了变化，由 GB/ T4754—1994 变为 GB/ T4754—2002，所以我们根据 Brandt et al.（2012）拼接的方法对数据进行了对接。

业匹配成功。

　　本节使用的另外一个微观数据库——中国海关贸易数据库，它详细记录了每笔报备中国海关的进出口数据。不过它也存在一些属于"杂音"的观测值。鉴于在本书研究的时间跨度期内，HS 编码发生了多次调整，为了使数据保持一致性，本书根据联合国提供的 HS 编码转换对应表，将研究样本期内的数据，全部转换为以 HS96 编码标记[①]。

　　最后，各主要变量的描述性统计参见表 6.3。

表 6.3　　　　　　　　　　回归模型各主要变量的描述性统计

变量含义	变量名	观测数	均值	标准差	中值	最大值	最小值
地位指数	position	92998	0.064	0.041	0.056	0.221	0.007
出口质量	quality	92998	0.700	0.148	0.720	0.000	1.000
出口复杂度	expy	92247	0.953	0.354	1.065	1.747	-0.096
分工程度	GVC	92998	0.267	0.941	0.170	0.000	0.942
契约环境	Inst	92998	8.120	1.714	8.370	10.800	0.790
成立年龄	age	92998	10.594	10.681	9.000	1.000	51.000
企业规模	size	92998	577.94	1953.05	248.00	8.00	188151.00
资本强度	klratio	92998	97.78	340.05	39.02	72396.76	0.00
融资约束	fin	92998	0.0467	3.336	0.036	0.002	0.394
出口强度	exp	92998	0.622	0.401	0.805	0.183	1.000
行业集中度	hhi	92998	0.024	0.010	0.024	0.007	1.000

第四节　计量回归结果

一、OLS 基本回归

　　我们首先采用双向固定效应模型，并基于普通最小二乘进行回归估计

---

　　① 联合国提供的 HS 编码转换对应表的下载地址为 unstats. un. org/unsd/trade/classifications/corre-spondence – tables. asp。

（结果参见表 6.4）。表 6.4 第（1）~（3）列回归的结果，是仅将参与国际分工程度及其他与契约制度水平的交互项作为解释变量的进行回归的结果。结果显示，不管是将价值链分工位置指数、出口产品质量还是出口复杂度作为价值链升级的替代变量，其回归系数均为正，说明随着参与全球价值链国际分工程度的深入，对外开放与合作的程度越大，价值链提升的效果也越明显。并且

表 6.4 OLS 基本回归估计结果

因变量	(1)	(2)	(3)	(4)	(5)	(6)
	位置指数	出口质量	出口复杂度	位置指数	出口质量	出口复杂度
GVC	0.0166***	0.0177*	0.0580***	0.0190***	0.0181*	0.0548***
	(4.259)	(1.751)	(3.623)	(4.977)	(1.786)	(3.415)
GVC# inst	0.0052*	0.0178*	0.0562***	0.0092***	0.0182**	0.0521***
	(1.679)	(1.949)	(4.343)	(2.996)	(1.980)	(4.019)
age				0.0186***	−0.0025	0.0225***
				(9.843)	(−1.318)	(8.313)
size				0.0251*	−0.0582	0.091
				(1.880)	(−1.454)	(0.210)
klratio				−0.0313	0.0814	0.0120
				(−0.972)	(0.845)	(0.043)
fin				−0.0007	−0.0366	0.0033
				(−1.367)	(−0.002)	(0.529)
exp				0.0173***	−0.0731***	−0.0287
				(4.267)	(−6.015)	(−1.540)
hhi				−0.1260***	0.0015	0.0492***
				(−4.712)	(0.181)	(4.278)
常数项	−3.154***	0.399***	−0.715***	−4.121***	0.470***	−0.497***
	(−6.686)	(9.811)	(−6.460)	(−4.435)	(8.404)	(−6.294)
企业固定	是	是	是	是	是	是
年份固定	是	是	是	是	是	是
样本量	92998	92974	92252	92988	92964	92248
调整 R²	0.224	0.001	0.034	0.252	0.001	0.035

注：估计系数下方括号的数字系数为系数估计值的 t 或 z 统计量，其中 *、* * 和 * * * 分别表示 10%、5% 和 1% 的显著水平，AR（2）检验中呈现的 p 值，下同。

参与国际分工程度与契约制度的交互项的结果也都显著为正，意味着该地区契约制度环境越好，参与全球化国际分工对当地企业价值链提升有正向促进作用。随着企业参与国际分工程度的逐步加强，一方面，拥有更多上游中间品供应商，中间品供应竞争更为激烈，使中间投入成本降低，而且进口产品的种类和范围都将扩大。另一方面，参与国际分工合作实质是产品生产的分工合作，提高企业与国外先进上游供应商签订合约的概率，进而获得资产专用性的生产中间投入的可能性也随之上升。不过上游供应商出于对下游生产企业"敲竹杠"等潜在不良行为的顾虑，在合同谈判过程中，那些生产资产专用性的供应商更倾向于与处于契约制度环境更好的生产企业签订合同，共同合作生产。可见，契约制度更好的地区，能够更加便利地开展对外贸易活动，参与国际分工合作的程度越高，尤其是在现如今全球价值链时代下，契约制度具有融入全球价值链的助推器的作用。表 6.4 中的第（4）~（6）列回归的结果，展示了在基本回归模型中纳入了其他控制变量后的结果。结果显示，在加入诸如企业年龄、企业规模等一系列企业微观特征变量后，本书最为关心的解释变量虽然在估计系数方面有所变化，但整体结果的显著性不受影响。

二、　内生性检验

面板数据通过最小二乘法进行实证估计的方法，通常面临扰动项存在自相关，以及回归变量实际上并非严格意义上的外生变量等诸多影响计量回归结果的问题。换言之，内生性的存在会使计量估计结果有偏且不一致。在本书研究的参与国际分工程度、契约环境与价值链提升三者关系，可能存在很强的内生因果关系，如处于价值链高端的国家或企业，国际化程度往往越高，参与国际化程度就越高。本书为克服上述内生性问题，采用了无偏估计的系统广义矩估计（GMM）法对原计量模型进行重新估计。具体操作是，将刻画价值链地升级的地位指数、出口质量和出口复杂度三个指标的滞后一期引入原先的计量方程，在此我们认为因变量可以影响当期解释变量，却无法影响上一期解释变量。这样使过去的静态面板模型变为动态面板模型，并基于本书所要研究的目标，将全球价值链参与程度以及它与契约制度指标的交互项视为内生变量，并把其他所有控制变量都视为外生变量进行估计（估计结果参见表6.5）。首先，表中统计量AR（2）的p值的结果说明，模型中的误差项不存在序列自相关问题，而另一统计量Sargan的统计结果显示无法拒绝"所有工具变量均有效"的原假设。表6.5的回归结果与之前采用最小二乘法估计的结果基本

表6.5　　　　　　　　　　系统GMM回归估计结果

因变量	(1) 位置指数	(2) 出口质量	(3) 出口复杂度	(4) 位置指数	(5) 出口质量	(6) 出口复杂度
GVC	0.0152***	0.0164**	0.0325***	0.0114***	0.0326*	0.0242*
	(6.370)	(2.291)	(6.805)	(6.414)	(1.701)	(1.934)
GVC# inst	0.0387***	0.0003	0.0114	0.0472***	0.0142**	0.0353***
	(5.533)	(0.127)	(0.746)	(7.514)	(2.218)	(8.673)
age				0.0041***	0.0041***	0.0058
				(3.278)	(3.050)	(0.627)
size				0.0031	0.0001***	−0.0001
				(0.012)	(5.301)	(−1.084)
klratio				0.0007***	0.0004***	−0.0022***
				(8.893)	(5.841)	(−5.165)
fin				−0.1180***	−0.0099	−1.6060***
				(−3.739)	(−0.430)	(−3.566)
exp				0.0849**	0.0877**	−0.1930
				(2.202)	(2.163)	(−0.810)
hhi				0.8206	−0.0012*	0.0342***
				(1.195)	(−1.808)	(7.386)
常数项	0.217***	0.706***	0.224	−0.188***	0.589***	0.698***
	(11.806)	(15.435)	(0.729)	(−6.530)	(20.716)	(3.602)
Sargan检验	282.29	220.94	233.68	138.11	129.36	127.93
	(0.389)	(0.678)	(0.374)	(0.203)	(0.501)	(0.215)
AR（2）	0.341	0.114	0.217	0.183	0.103	0.215
样本量	59921	59921	59564	59912	59912	59419

一致。在控制其他变量的情况下，随着企业参与全球价值链程度的不断加强，国际化程度越高，对企业自身的分工地位指数、产品质量和技术复杂度水平的正向作用就越明显。具体表现为，当参与国际分工程度每提升 1 个单位，企业的分工地位指数、产品质量和技术复杂度水平分别提高 0.0114 个、0.0326 个和 0.0242 个单位。可见，参与国际化分工程度的加强，有利于企业生产技术含量较高的产品，促进向价值链高端提升。而且在契约环境越好的地区，越有助于企业参与价值链国际分工，从而越有利于企业向价值链高端攀升。

三、 稳健性检验

此外，为了进一步使本书实证结果可靠，增强结论的可信度，我们使用了 2016 年 WIOD 提供的新版跨国投入产出数据，再次测算了中国各个制造行业的间接进口比例以及返回增加值比例，进而重新测算了各个企业的垂直专业化程度。并以此为基础，再一次进行了相关实证分析（结果参见表 6.6），回归结果依然显著。

表 6.6　　　　　　　　参与国际分工程度重新测度的稳健性估计结果

因变量	(1) 位置指数	(2) 出口质量	(3) 出口复杂度	(4) 位置指数	(5) 出口质量	(6) 出口复杂度
GVC	0.0166*** (4.255)	0.0177* (1.748)	0.0580*** (3.619)	0.0190*** (4.973)	0.0181* (1.784)	0.0547*** (3.410)
GVC# inst	0.0052* (1.675)	0.0178* (1.946)	0.0561*** (4.339)	0.0092*** (2.993)	0.0181** (1.978)	0.0521*** (4.015)
age				0.0186*** (9.844)	−0.0024 (−1.318)	0.0225*** (8.314)
size				0.0251* (1.880)	−0.0582 (−1.454)	0.091 (0.210)
klratio				−0.0313 (−0.972)	0.0814 (0.845)	0.0120 (0.043)

续表

因变量	(1)	(2)	(3)	(4)	(5)	(6)
	位置指数	出口质量	出口复杂度	位置指数	出口质量	出口复杂度
fin				-0.0007 (-1.367)	-0.0366 (-0.002)	0.0033 (0.529)
exp				0.0173*** (4.267)	-0.0731*** (-6.015)	-0.0287 (-1.540)
hhi				-0.1260*** (-6.712)	0.0015 (0.181)	0.0493*** (4.278)
常数项	-3.154*** (-6.085)	0.399*** (9.831)	-0.715*** (-6.474)	-4.121*** (-9.440)	0.470*** (8.405)	-0.497*** (-6.293)
企业固定	是	是	是	是	是	是
年份固定	是	是	是	是	是	是
样本量	92998	92974	92252	92988	92964	92248
调整 R^2	0.224	0.001	0.034	0.252	0.001	0.035

进一步，我们还使用了世界银行撰写的《2008 年中国营商环境报告》提供的相关数据作为契约制度的代理变量，进行稳健回归检验。具体来说，该份报告提供了除拉萨之外，中国 30 个省会城市的诉讼时间和诉讼费用两项能够客观评价当地契约执行效率的指标。我们参考茹玉骢（2009）、盛丹和王永进（2010）等的处理方法，获得各地区契约制度指标（见表 6.7）。通过结果对比发现，中国营商环境较好的地区主要集中在东部沿海地区。如经过加权后，契约制度最好的三个地区分别为广东、江苏和上海。而西部地区以及东北地区的契约制度相对较差，这也说明了中国各地区之间契约环境确实存在区域间的差异。

表 6.7　　　　　　　　　　中国各地区营商环境加权指标排名

省份	诉讼时间	诉讼费用	加权结果	加权排名	省份	诉讼时间	诉讼费用	加权结果	加权排名
广东	120	9.7	0.931	1	宁夏	270	28.7	0.364	16
江苏	112	13.6	0.831	2	新疆	392	20.5	0.362	17
上海	292	9	0.692	3	内蒙古	330	23.7	0.360	18
北京	340	9.6	0.634	4	山西	300	26.4	0.357	19

省份	诉讼时间	诉讼费用	加权结果	加权排名	省份	诉讼时间	诉讼费用	加权结果	加权排名
浙江	285	11.2	0.598	5	吉林	540	18.4	0.348	20
天津	300	11.3	0.585	6	河南	285	31.5	0.339	21
河北	397	12.2	0.510	7	湖北	277	33.1	0.338	22
重庆	286	14.8	0.500	8	贵州	397	23	0.337	23
福建	342	13.7	0.492	9	黑龙江	290	31.5	0.336	24
海南	310	14.5	0.491	10	四川	295	35.5	0.317	25
山东	210	22	0.471	11	湖南	382	26.6	0.316	26
陕西	235	21.7	0.446	12	青海	458	24.8	0.303	27
江西	365	16.5	0.426	13	安徽	300	41.8	0.294	28
广西	396	17.1	0.404	14	甘肃	440	29.9	0.278	29
辽宁	260	24.8	0.397	15	云南	365	36.4	0.277	30

注：作者根据世界银行提供的"Doing Business in China 2008"报告整理而得。

然后，将其进行相关稳健分析，结果依然与我们的预期结论相符（见表6.8），再次表明企业参与国际分工合作程度越高，越能促进企业价值链地位的提升。计量结果还表明：随着国际分工程度的深入对出口产品质量和出口产品的技术复杂度水平的影响系数都显著为正，说明国际分工的深入，不仅有利于出口产品在"垂直层面"的质量提升，而且还有利于出口产品在"水平层面"的技术复杂度的更新。可见，融入全球价值链下的国际分工对价值链的提升，不仅体现在价值链贸易结构方面，也体现在出口产品结构方面。

表6.8　　　　契约环境自变量替换的稳健性估计结果

因变量	(1)	(2)	(3)	(4)	(5)	(6)
	位置指数	出口质量	出口复杂度	位置指数	出口质量	出口复杂度
GVC	0.0170***	0.0129*	0.0370**	0.0132***	0.0135*	0.0353**
	(4.118)	(1.877)	(2.174)	(3.258)	(1.822)	(2.071)
GVC#inst	0.0057*	0.0133*	0.0362**	0.0036*	0.0137*	0.0336**
	(1.669)	(1.827)	(2.529)	(1.662)	(1.769)	(2.343)
age				0.0193***	-0.0010	0.0266***
				(32.777)	(-0.573)	(10.331)

续表

因变量	(1) 位置指数	(2) 出口质量	(3) 出口复杂度	(4) 位置指数	(5) 出口质量	(6) 出口复杂度
size				0.0261* (1.953)	−0.0604 (−1.527)	0.0138 (0.317)
klratio				−0.0322 (−1.000)	0.0818 (0.859)	0.0695 (0.025)
fin				−0.0007 (−1.352)	−0.0390 (−0.003)	0.0034 (0.550)
exp				0.0173*** (4.261)	−0.0733*** (−6.097)	−0.0292 (−1.567)
hhi				−0.1260*** (−46.668)	0.0023 (0.287)	0.0513*** (4.457)
常数项	−3.159*** (−4.321)	0.394*** (6.590)	−0.720*** (−5.846)	−4.121*** (−12.444)	0.462*** (8.057)	−0.512*** (−6.176)
企业固定	是	是	是	是	是	是
年份固定	是	是	是	是	是	是
样本量	92998	92974	92252	92988	92964	92248
调整 R^2	0.224	0.001	0.034	0.252	0.001	0.035

最后，针对在回归样本中可能出现异常值的问题，本书参照 Crino and Ogliari（2015）、许和连和王海成（2016）以及吕越等（2017）学者的做法，对回归样本分别在 1% 和 5% 水平进行缩尾与截尾处理，对可能存在的极端样本值进行修正后再进行回归估计（见表 6.9）[①]。从回归估计的结果看，参与国际分工程度及其与契约制度的交互项系数均为正，这一结果与预期一致。对于全球价值链国际生产分工合作，受到了企业所在地契约环境等制度质量的影响。通过回归结果发现，在那些司法制度健全、营商环境优越的地区，企业能够更加顺利地签订合作合同，上游供应商更好、更快地提供资产专用性较强的生产中间投入品，提升下游生产企业生产效率，生产出更加优质的产品，提升

---

① 5% 水平缩尾与截尾处理后的结果，参见本书附录六。

价值链位置，进而从参与国际分工中获利。

表 6.9　　　　　　1% 缩尾和截尾处理情形下的稳健性估计结果

因变量	(1)	(2)	(3)	(4)	(5)	(6)
	因变量双边缩尾 1% 处理			因变量双边截尾 1% 处理		
	位置指数	出口质量	出口复杂度	位置指数	出口质量	出口复杂度
GVC	0.0603***	0.0458*	0.1070***	0.0284***	0.0019	0.0482***
	(6.836)	(1.736)	(2.892)	(6.515)	(1.545)	(2.616)
GVC# inst	0.0078***	0.0023**	0.0353***	0.0101***	0.0174*	0.0527***
	(3.277)	(2.326)	(3.531)	(3.271)	(1.885)	(3.994)
age	0.0190***	−0.0017	0.0240***	0.0185***	−0.0028	0.0233***
	(31.286)	(−0.934)	(9.062)	(29.288)	(−1.493)	(8.464)
size	0.0249*	−0.0548	0.0112	0.0223*	−0.0559	0.0148
	(1.866)	(−1.369)	(0.256)	(1.650)	(−1.391)	(0.336)
klratio	−0.0321	0.0799	−0.0134	−0.0330	0.0766	−0.0962
	(−0.995)	(0.829)	(−0.048)	(−1.024)	(0.797)	(−0.034)
fin	−0.0007	0.0204	0.0034	−0.0007	0.0207	0.0034
	(−1.376)	(0.013)	(0.549)	(−1.373)	(0.001)	(0.550)
exp	0.0172***	−0.0731***	−0.0295	0.0183***	−0.0738***	−0.0269
	(4.234)	(−6.012)	(−1.581)	(4.445)	(−6.020)	(−1.415)
hhi	−0.1260***	0.0017	0.0504***	−0.1280***	0.0012	0.0493***
	(−4.673)	(0.208)	(4.377)	(−46.801)	(0.147)	(4.193)
常数项	−4.131***	0.501***	−0.495***	−4.143***	0.479***	−0.505***
	(−9.528)	(8.890)	(−6.238)	(−8.001)	(8.476)	(−6.265)
企业固定	是	是	是	是	是	是
年份固定	是	是	是	是	是	是
样本量	92988	92964	92252	91130	91106	90171
调整 R^2	0.252	0.001	0.035	0.251	0.001	0.036

四、　扩展性分析

本部分基于企业所有制类型、贸易类型以及资产专用性的行业特征等角度
对样本进行划分，更加深入地考察参与国际分工程度、契约制度对企业价值链

提升的差异化影响，以期能够获得更为细化的结论。

（一）区分企业所有权类型

直到 1998 年，中国民营经济的合法地位才得到承认，所以，在过去民营企业的契约得不到司法制度有效的保护（王永进和盛丹，2012）。鉴于此，本书根据企业投资注册资本的比重划分企业所有制类型，并进行分样本回归，用于检验契约制度是否存在所有权方面的歧视现象。本书根据实收资本的出资占比来划分企业所有制类型，将企业划分为国有企业、民营企业和外资企业，其中，我们又将外资企业划分为港澳台与非港澳台两种资本类型，分别进行回归估计（见表 6.10）。通过实证结果发现，不同所有制性质的企业参与国际分工合作，都能在一定程度上实现自身价值链地位的提升，但是契约环境质量也基本上都能促进企业积极参与国际分工。但是，通过对比不同企业所有制类型下的契约制度与国际分工程度之间交乘项系数的大小发现，国有企业该项系数始终高于私营企业，说明契约环境对国有企业的促进作用大于私营企业，侧面说明了企业所有权歧视现象确实存在。

表 6.10　　　　　　　　各行业的资产专用性情况

行业	资产专用性	行业	资产专用性
石油加工及炼焦业	0.060	非金属矿物制品业	0.443
有色金属冶炼及压延加工业	0.160	医药制造业	0.503
化学纤维制造业	0.222	普通机械制造业	0.678
黑色金属冶炼及压延加工业	0.242	专用设备制造业	0.701
食品加工业	0.279	饮料制造业	0.713
烟草加工业	0.317	电气机械及器材制造业	0.740
食品制造业	0.331	服装及其他纤维制品制造	0.745
造纸及纸制品业	0.348	仪器仪表文化办公用机械	0.769
化学原料及制品制造业	0.349	交通运输设备制造业	0.859
纺织业	0.376	电子及通信设备制造业	0.861
金属制品业	0.435		

注：该数据是在借鉴 Nunn（2007）、盛丹和王永进（2010）和刘斌（2013）的研究基础之上整理而得。

（二）区分贸易类型回归

中国微观企业选择采用不同的方式参与国际生产分工体系，反映的是企业在价值链分工中应如何选择自己的经营方式和经营目标。由于参与国际分工的方式不同，经营方式也有所不同，那么接触到的生产技术和竞争环境也有所差异，从而对自身经济效率的回报影响也有区别。本书按照中国海关贸易数据库中企业主要贸易方式，将参与国际分工的企业划分为三种类型：只从事一般贸易企业、只从事加工装配贸易的加工贸易企业以及使用两种贸易方式参与国际活动的混合贸易企业。本书根据上述贸易类型对企业进行划分并进行实证（见表6.11），结果发现对于加工贸易型企业其参与国际分工程度对价值链提升的作用小于其他两种贸易类型企业。这在一定程度上说明加工贸易方式往往承担的是低技术、低附加值组装和装配等简单生产环节，在价值链分工中属于低端位置，没有自主研发和生产能力，只能获取微薄的收益。以加工贸易方式参与国际分工对自身在价值链位置中的提升作用不大，而且极有可能被锁定于价值链位置，国际竞争力不足，无法实现出口结构的优化和升级。

（三）区分资产专用性行业回归

基于不同行业在生产过程中对中间投入的资产专用性方面的异质性，国际分工与契约制度对企业价值链提升的影响也会有所不同。本书将分组探究在不同资产专用性的中间投入情形下，国际分工参与程度、契约制度环境对企业价值链提升的影响。根据 Rauch（1999）和 Nunn（2007）的研究指出，中间品可分为"有公共交易所""有参考价格"和"差异化产品"三种类型。如果投入的中间品可以在公开市场进行交易，那么这种产品定制化（Customized Inputs）程度就较低，需要专用性投资也就相应较低；如果投入的中间品有参考价格，则认为定制化程度中等；而对于那些既没有公开市场进行交易，也没有市场参考价格的投入的中间品，这类产品的定制化程度高，需要很强的专用性投资。换言之，不同行业类型的产品对契约制度的依赖程度有所不同，合约密集度（Contract Intensity）高的行业，对契约环境也更为敏感。价值链高端的最

表 6.11

区分企业所有制类型的估计结果

	(1)	(2)	(3)	(4)	(5)	(6)	(7)	(8)	(9)	(10)	(11)	(12)
因变量	位置指数	位置指数	位置指数	位置指数	出口质量	出口质量	出口质量	出口质量	出口复杂度	出口复杂度	出口复杂度	出口复杂度
企业类型	国有企业	私营企业	港合企业	外资企业	国有企业	私营企业	港合企业	外资企业	国有企业	私营企业	港合企业	外资企业
GVC	0.0409*** (2.622)	0.0140** (2.137)	0.0061* (1.931)	0.0494*** (7.219)	0.1030** (2.368)	0.0073 (1.080)	0.0735*** (6.363)	0.0126* (1.678)	0.1330* (1.904)	0.0703* (1.885)	0.0139 (1.470)	0.0297** (2.150)
GVC#inst	0.0213* (1.727)	0.0140* (1.905)	-0.0058 (-1.031)	0.0408*** (6.996)	0.0858** (2.512)	0.0063 (1.088)	0.054*** (5.474)	0.0045 (0.265)	0.1210** (2.401)	0.0454 (1.070)	0.0029 (1.389)	0.0415* (1.903)
age	0.0285*** (5.478)	0.0263*** (12.024)	0.0117*** (10.473)	0.0249*** (5.009)	-0.0189 (-1.423)	0.0020 (0.189)	-0.0030 (-1.526)	-0.0032 (-1.100)	0.0297*** (3.598)	0.0413*** (3.626)	0.0250*** (4.767)	0.0162*** (4.009)
size	0.0232 (0.784)	0.0491 (1.268)	-0.0301 (-0.851)	0.0310* (1.772)	-0.0323 (-0.137)	-0.075 (-0.043)	-0.1700*** (-2.724)	-0.0240 (-0.474)	-0.1113 (-0.842)	0.0402 (0.247)	0.4270*** (2.835)	0.0007 (0.015)
klratio	0.1310 (0.494)	0.1342 (0.891)	-1.33e-05 (-0.889)	-3.53e-06 (-1.070)	-0.250 (-0.273)	0.0003* (1.734)	0.0001*** (4.850)	0.0000 (0.007)	-0.9445 (-0.899)	0.0003** (2.184)	-0.8532 (-1.605)	0.3712 (0.924)
fm	0.00301 (0.622)	0.00701 (0.492)	-7.06e-06 (-0.013)	-0.00382 (-0.513)	-0.0124 (-0.143)	0.0076 (0.267)	-0.9142 (-0.097)	0.0081 (0.377)	-0.0533 (-0.726)	0.0077 (0.086)	0.0019 (0.285)	0.0045 (0.158)
exp	0.0001 (0.008)	0.0103 (0.933)	-0.0025 (-0.387)	0.0330*** (5.252)	-0.1441** (-2.139)	-0.2012** (-2.062)	-0.0539*** (-4.698)	-0.0578*** (-3.184)	-0.0679 (-0.840)	0.0137 (0.226)	-0.0428 (-1.346)	-0.0555** (-2.035)
hhi	-0.0921*** (-10.893)	-0.1240*** (-16.483)	-0.1660*** (-36.616)	-0.0869*** (-20.503)	0.0189 (0.411)	-0.0019 (-0.039)	-0.0035 (-0.437)	0.0064 (0.521)	0.0780** (1.988)	0.1232*** (3.158)	0.0558*** (2.700)	0.0237 (1.366)
常数项	-4.229*** (-6.823)	-4.160*** (-7.547)	-4.322*** (-9.848)	-3.934*** (-5.067)	1.051*** (3.007)	0.553 (1.451)	0.334*** (6.138)	0.506*** (5.780)	-0.257 (-0.918)	-0.237 (-0.821)	-0.542*** (-3.855)	-0.468*** (-3.852)
企业固定	是	是	是	是	是	是	是	是	是	是	是	是
年份固定	是	是	是	是	是	是	是	是	是	是	是	是
样本量	8838	12596	36952	34602	8833	12592	36946	34593	7194	11808	15871	17375
R^2	0.303	0.268	0.247	0.251	0.002	0.003	0.004	0.001	0.021	0.025	0.053	0.028

终品，生产过程中所需的中间投入品往往具有资产专用性的特质，这类中间品因为中间使用的特殊性，很容易被锁定难以转为他用或改为他用，价值将会降低或毫无使用价值。所以，这类行业和企业更加需要优良的契约制度环境，为其生产活动顺利的展开提供有力的基础保障。Nunn（2007）基于美国投入产出表，测算了每个行业在生产过程中使用所需专用性投资的中间投入品比重，并构建了两种用于代表行业的合约密集度的指标，它们的形式如下：

$$\varphi_i = \sum \theta_{ij}(R_j^{neither}) \qquad (6-21)$$

$$\varphi_i = \sum \theta_{ij}(R_j^{neither} + R_j^{referprice}) \qquad (6-22)$$

其中，$\theta_{ij} \equiv \dfrac{u_{ij}}{u_i}$，$u_{ij}$ 表示行业 j 投入到行业 i 的价值，所以 $u_i = \sum\limits_j u_{ij}$ 表示的是除行业 i 本身其他所有行业对该行业的投入之和。$R_j^{neither}$ 表示在行业 j 中，那些既没有市场交易信息也没有任何参考价格的中间投入产品比重。$R_j^{referprice}$ 则表示的是，虽然没有市场交易信息，但有参考价格的产品所占的比重。它们表示的都是行业对契约质量的依赖程度，该指标越大，说明该行业对契约的依赖程度越高，越对当地契约环境越敏感。在计算行业的契约密集度时，式（6-21）相对式（6-22）要求更为宽松。考虑到数据的可获得性，并参考国内学者的做法，本书使用式（6-22）计算各行业的资产专用性指标情况（见表6.12）。

通过对比表6.12中各行业资产专用性情况发现，资产专用性最高的三个行业分别是电子及通信设备制造业（0.861）、交通运输设备制造业（0.859）和仪器仪表文化办公用机械（0.769）。这些行业的产品往往具有高技能，含有较多资产专用性中间投入，对契约的敏感程度更高。全球价值链体系的形成，拉长了生产链条，使国际分工更加细化，处于价值链高端环节的生产投入要素逐渐专业化，对专业化技能的要求较高，属于技术知识密集型产业，这一类国际分工具有很高的进入门槛。本书采用刘斌（2013）的做法，将不同资产专用性的企业分为资产专用性较高和资产专用性较低两组进行回归，用于检

表6.12 区分贸易类型的估计结果

因变量	位置指数 (1)	位置指数 (2)	位置指数 (3)	出口质量 (4)	出口质量 (5)	出口质量 (6)	出口复杂度 (7)	出口复杂度 (8)	出口复杂度 (9)
贸易类型	一般贸易	加工贸易	混合贸易	一般贸易	加工贸易	混合贸易	一般贸易	加工贸易	混合贸易
GVC	0.0464***	0.0071	0.0372***	0.0067*	0.0022	0.0826	0.0417*	0.0077	0.0568**
	(3.749)	(1.588)	(6.220)	(1.831)	(1.251)	(1.026)	(1.693)	(1.177)	(2.105)
GVC#inst	0.0443***	0.0051*	0.0263***	0.0152	0.0029**	0.0374*	0.0509*	0.0364	0.0395*
	(3.752)	(1.711)	(5.435)	(1.505)	(2.412)	(1.787)	(1.877)	(1.344)	(1.768)
age	0.0037*	0.0433***	0.0149***	0.0090***	-0.0001	-0.0077	0.0310***	0.0220***	0.0229***
	(1.774)	(30.924)	(16.773)	(4.998)	(-0.111)	(-0.827)	(3.076)	(4.086)	(5.356)
size	0.1021**	-0.0233	0.0182	-0.1940***	-0.3832	-0.0624	0.1210	0.0173	-0.0035
	(2.145)	(-0.654)	(1.134)	(-4.794)	(-1.636)	(-0.264)	(0.614)	(0.127)	(-0.070)
klratio	-0.1260	-0.0341	0.3570*	0.2440*	0.8400***	-0.0154	-0.1290	0.2182	0.4061
	(-0.777)	(-1.136)	(2.485)	(1.766)	(3.995)	(-0.077)	(-0.277)	(0.409)	(0.711)
fin	-0.0008	0.0052	0.0014	-0.7030	0.0008	0.0002	0.0055	-0.0027	-0.0052
	(-1.518)	(0.623)	(0.353)	(-0.149)	(0.131)	(0.004)	(0.811)	(-0.081)	(-0.268)
exp	-0.0003	0.0029	0.0212***	-0.0239***	-0.0488***	-0.1770***	0.0540	0.0498	-0.0721**
	(-0.035)	(0.295)	(3.829)	(-2.940)	(-6.031)	(-2.746)	(1.244)	(1.278)	(-2.573)
hhi	-0.1872***	-0.0916***	-0.1263***	-0.0042	-0.0056	0.0377	0.0494*	0.0419**	0.0526***
	(-27.697)	(-16.745)	(-33.129)	(-0.735)	(-1.000)	(1.038)	(1.757)	(1.989)	(2.852)
常数项	-4.370***	-4.026***	-4.221***	0.233***	0.334***	1.088***	-0.773***	-0.311**	-0.488***
	(-3.994)	(-3.078)	(-7.034)	(5.868)	(8.498)	(4.198)	(-3.965)	(-2.119)	(-3.831)
企业固定	是	是	是	是	是	是	是	是	是
年份固定	是	是	是	是	是	是	是	是	是
样本量	25292	22528	45168	25292	22528	45168	25077	22380	45045
R^2	0.331	0.226	0.248	0.002	0.010	0.002	0.014	0.071	0.039

验资产专用性的差异性行业参与国际分工程度和契约制度对企业价值链提升的影响是否有所差异。结果显示（见表6.13），在资产专用性高的企业一组中，参与国际分工程度的交互项显著为正，而在资产专用性较低的企业一组的回归结果中，除了位置指数结果在5%水平上显著为正以外，在出口产品质量和出口技术复杂度作为因变量的回归中系数不显著。而且高资产专用性组的回归系数远远高于低资产专用性组的结果，说明企业参与全球价值链分工合作，进而提升价值链地位的效果会受到企业所在地契约环境的影响，而且资产专用性中间投入越高的行业，这一表现更为明显。

表6.13 按资产专用性强度分组估计结果

因变量	(1)	(2)	(3)	(4)	(5)	(6)
	高资产专用性企业			低资产专用性企业		
	位置指数	出口质量	出口复杂度	位置指数	出口质量	出口复杂度
GVC	0.0051 (1.231)	0.0286*** (3.035)	0.0529*** (2.705)	0.0043 (1.077)	0.0120 (0.510)	0.0454 (1.546)
GVC#inst	0.0136*** (4.044)	0.0337*** (4.450)	0.0563*** (3.551)	0.0072** (2.264)	0.0004 (1.021)	0.0291 (1.216)
age	-0.0008 (-0.255)	-0.0058*** (-3.830)	0.0314*** (9.461)	0.0559*** (81.639)	0.0037 (0.917)	0.0034 (0.665)
size	-0.0162 (-0.711)	-0.1090** (-2.127)	-0.0049 (-0.107)	-0.0144 (-1.376)	-0.0426 (-0.691)	-0.2410 (-1.591)
klratio	-0.0826*** (-3.062)	0.0589 (0.971)	-0.4720 (-1.053)	0.114 (1.410)	0.4160 (0.871)	0.1240 (0.345)
fin	-0.0006 (-0.902)	-0.2450 (-0.017)	0.00356 (0.584)	-0.0018*** (-3.737)	-0.6530 (-0.023)	-0.0157 (-0.143)
exp	0.0094** (2.182)	-0.0512*** (-5.266)	-0.0246 (-1.093)	0.0012 (0.277)	-0.1040*** (-4.061)	-0.0521 (-1.532)
hhi	-0.0663*** (-22.453)	-0.0045 (-0.681)	0.0979*** (5.603)	-0.0080** (-2.175)	0.0279 (1.278)	-0.0421* (-1.903)
常数项	-3.592*** (-8.929)	0.372*** (7.774)	-0.932*** (-6.300)	-3.499*** (-6.859)	0.692*** (4.919)	-0.246** (-2.100)

续表

因变量	(1)	(2)	(3)	(4)	(5)	(6)
	高资产专用性企业			低资产专用性企业		
	位置指数	出口质量	出口复杂度	位置指数	出口质量	出口复杂度
省份固定	是	是	是	是	是	是
年份固定	是	是	是	是	是	是
样本量	51452	51452	51452	41536	41536	41536
调整 R^2	0.161	0.003	0.007	0.585	0.001	0.060

五、 影响渠道分析

通过以上研究可知，积极参与全球价值链活动，随着国际分工嵌入程度的不断加深，对企业价值链升级存在明显的正向作用。那么，国际分工、契约制度是通过何种渠道影响价值链的提升呢？正如 Krugman（1991）所言，生产率虽然不等于一切，但从长期来看，它几乎囊括了一切。参与国际分工对微观企业生产率有着深远的影响。首先，参与价值链国际分工的企业，依托自身在产品生产中某个具体环节的比较优势，提升劳动生产效率。Feenstra and Hanson（1990）研究发现，20 世纪 80 年代，美国以外包形式将生产环节发包给其他国家生产，提升了本国高技能劳动者的生产效率。

其次，参与全球价值链国际分工程度的加深有利于企业自主学习。企业通过学习其他先进企业的管理理念和生产技术，依靠学习效应和知识技术的外溢效应，提高其自身的生产率。最后，参与国际分工的企业还能够获得更多高质量的中间投入品，更好地满足企业的特定需求提升企业效率（Kelly，2004）。

因此，本书以下主要探讨国际分工、契约制度对企业生产率的影响。本书分别采用了 LP 方法、OP 方法以及 GMM 方法等测得企业全要素生产率并作为因变量，重新进行回归（见表6.14）。结果发现，参与全球价值链程度的不断深入对国家的生产率水平都有着正向的作用。以往文献指出，企业通过学习效应、竞争效应等渠道影响其生产效率，而本书则发现，企业所在地的契约环境因素同样影响着企业生产效率。

表6.14　　　　　　　　　机制检验的估计结果

生产率	（1）	（2）	（3）	（4）	（5）	（6）
	LP 法	OP 法	GMM 法	LP 法	OP 法	GMM 法
GVC	0.0172***	0.0328	0.0257***	0.0178***	0.0256	0.0248***
	（7.580）	（1.610）	（5.994）	（7.842）	（1.261）	（5.783）
GVC# inst	0.0122***	0.0298*	0.0182***	0.0126***	0.0200*	0.0171***
	（6.722）	（1.853）	（5.303）	（6.937）	（1.747）	（4.983）
age				0.0122***	0.0048	0.0165***
				（3.949）	（1.522）	（23.659）
size				0.0600***	−0.0001***	−0.0333**
				（10.998）	（−13.110）	（−2.155）
klratio				−0.0126	0.6910***	0.1100***
				（−0.625）	（5.531）	（3.058）
fin				0.0001	−0.0947**	0.2541
				（0.372）	（−2.011）	（0.044）
exp				−0.0138***	−0.0886***	−0.0242***
				（−5.709）	（−3.899）	（−5.312）
hhi				−0.0075***	−0.166***	−0.0212***
				（−4.643）	（−12.169）	（−6.996）
常数项	1.821***	−0.221***	1.264***	1.710***	−1.306***	1.046***
	（6.763）	（−8.941）	（5.563）	（5.315）	（−13.294）	（4.734）
省份固定	是	是	是	是	是	是
年份固定	是	是	是	是	是	是
样本量	92854	55888	92603	92844	55884	92594
调整 R^2	0.058	0.001	0.034	0.060	0.013	0.036

第五节　本章小结

本章的主要内容包括计量模型的设定、指标的构建与处理、数据来源说明和计量回归结果分析四部分。

　　首先，借鉴了 Nunn（2007）、李坤望和王永进（2010）、戴翔和金碚（2014）等学者的研究方法，在计量模型中引入企业参与国际分工程度与中国各地区契约制度水平的交互项，用于检验国际分工程度对价值链提升的影响作用机制是否受到契约制度质量的制约和影响。

　　其次，参考 Upward et al.（2013）、唐东波（2013）、吕越等（2015）学者的方法，使用垂直专业化率作为企业参与国际分工程度的代理变量。以及采用樊纲等主编的《中国各省份市场化指数报告》和世界银行提供的中国各省份营商环境报告作为契约环境的度量指标。同时，运用全球价值链分工位置指数、出口产品质量和出口技术复杂度三个指标从价值链贸易结构和出口产品质量两个维度衡量企业价值链升级状况。通过对需要研究对象的量化并对数据来源和处理进行说明，为后期计量研究作相应的准备。

　　最后，本章运用中国微观企业数据实证研究了国际分工、契约制度对价值链升级的影响。首先通过普通最小二乘法，得到初步结论：参与国际分工程度的提升，对价值链提升有正向促进作用，而且契约环境越好的地区，参与国际分工对该地区的价值链提升作用越发明显。然后，再使用动态 GMM 方法以及运用相关指标替代等方法进行内生性和稳健性检验，结果与普通最小二乘估计一致，说明结论可靠可信，即随着参与国际分工程度的不断加强，对企业价值链提升有着积极的正向作用，而且契约环境越好的地区，这种作用更为明显。

第七章
结论和启示

第一节　主要结论

改革开放四十多年来，中国借助自身在劳动力、土地以及能源环境等生产要素方面的成本优势，大力发展粗放式的加工贸易，虽然在特定时期内对外贸易发展迅速，贸易规模快速扩张，出口商品结构不断优化，产业实现了升级，国际分工地位也在一定程度上得到了提升，但就总体而言，参与价值链的产业多数属于低附加值的粗放型的劳动密集型行业，中国产业整体依旧处于价值链的中低端。换言之，中国采取低端嵌入的方式参与全球价值链体系，总体水平处于"微笑曲线"的中下位置。而且中国以"两头在外，大进大出"的加工贸易，虽然在较短的时间内使中国产业尤其是制造业国际化程度有所提高，但其背后中国贸易企业仅仅获取有限的加工组装费用，贸易利得实际并不高。伴随着近年来中国在劳动力方面成本的急剧上升，人口红利优势消失殆尽，过去以低廉的劳动力成本"血拼式"的发展模式显然不可长期维持。另外，更多发展中国家也积极参与价值链分工，国际竞争环境也日趋激烈，中国过去以低成本劳动力主导的国际竞争力正逐步消失。并且2008年国际金融危机以来，逆全球化的贸易保护主义抬头，这股思潮将深刻影响全球经济格局，对中国的实体经济转型升级造成重大影响。因此，面对内外诸多不利的经济环境制约，中国如何进一步实现对外贸易方式转型，从劳动投入等粗放式发展模式向技术引领的集约式发展方式转变，最终实现向价值链中高端攀升成为本书研究的重点内容。那么是什么因素在其中产生影响？在当前新型国际分工模式下，各国各企业的比较优势更多地体现在价值链某一生产环节和工序上，因而制度质量可能成为影响价值链攀升的重要决定因素。

本书首先从全球价值链视角并采用 Wang et al. （2017）提出的生产分解模型，从供给视角的前向参与以及需求视角的后向参与两个维度，测度了2000—2014 年包括中国在内的世界主要 43 个经济体参与全球价值链分工程度，并进行了跨国动态比较。考虑到不同产业融入价值链的情况有所差异，本章还对中国整体以及包括制造业和服务业在内的 56 个产业部门的参与国际分工情况进行了更为深度的剖析。研究结果发现：从全球整体水平的变化趋势来看，无论是前向分解还是后向分解的价值链参与程度均呈现出平稳上升的趋势。说明世界经济往来更加密切，以分工为背景的全球价值链体系的建立和逐步完善，各国之间专业化合作分工日趋紧密，全球生产要素得到比过去更有效的配置，国家之间对他国的依赖程度也相应提高。而对于中国产业而言，不管是总体国家层面还是细分产业层面，全球价值链参与程度也都呈现出较为平稳的上升趋势。

国际分工对价值链提升的作用机制受到契约环境的影响和制约。只有那些契约环境好的国家或地区，企业才能更好地签订合约进行分工合作，更好更快地取得中间投入品，实现技术升级，提高价值链地位。为此，本书同时从制度经济学和国际经济学两个角度构建理论分析框架，并对其进行实证计量分析检验。重点分析了全球价值链国际分工以及契约环境对国家或企业实现向价值链中高端攀升影响作用的重要性。并且本书从全球与中国两个视角作为分析对象，进行相应的实证分析，最终得出了一些较为有意义的结论。

简单而言，本书尝试着从搭建了一个以 C－D 生产函数为基础的核心分析框架，该框架同时将新型国际分工和契约环境纳入生产函数，从而探究全球价值链分工、契约环境以及两者的交互作用对企业价值链升级的影响机制。梳理以往文献不难发现，不管对企业还是国家整体而言，积极参与以专业化分工为基础的国际分工，对提升价值链地位的影响作用不言而喻。而经典的制度经济学文献指出，诸如契约环境、契约执行效率等制度方面的因素，同样影响着企业和国家的价值链升级。企业是否选择参与全球价值链体系需要考虑的一大因素是，国际分工效益和交易阶段变长产生费用之间进行的权衡，价值链越高端的产品往往对契约的依赖程度也越高，所以本书以此为研究出发点构建理论模型，在此基础上，本书提出相应待检验的假说：参与国际化分工的程度越强，越有利于企业生产出技术含量较高的产品，促进价值链升级。相对而言，在契约环境更好的国家和地区，有助于企业参与价值链国际分工，进而有利于企业实现向价值链中高端提升的目标。其次，在上述理论模型的前提下，借鉴Nunn（2007）、李坤望和王永进（2010）和余淼杰等（2016）学者的研究方法，在计量模型中引入参与国际分工程度和契约环境的交互项，以此检验国际分工对价值链提升的作用机制是否受到契约制度的影响。最终得出一些有意义的结论：契约环境的优劣程度确实能够促进国际分工的顺利展开，从而对国家和企业的出口具有拉升作用，实现向价值链高端攀升的目标。

第二节　政策建议

本书研究结论发现，不管是宏观层面的国家还是微观层面的企业，积极参与国际分工以及契约环境的改进，都能够提升自身的国际竞争力，实现向价值链中高端攀升的目标。

一、积极参与全球化，推动形成开放新格局

全球价值链已成为世界经济的一个显著特征。促进全球经济体彼此之间顺畅、高效地进行分工合作，已经成为不同发展阶段经济体的关注重点。党的十

九大报告，将促进我国产业迈向全球价值链中高端，培育若干世界级先进制造业集群作为贯彻新发展理念、建设现代化经济体系的重要目标和任务之一。为此，现阶段我国产业必须从全球价值链的低端环节向中高端环节攀升，逐渐摒弃技术含量较低的组装装配模式，进而努力采用研发设计等高附加值的方式参与国际分工，获取更高比例的价值收益。

随着全球价值链生产网络体系的逐步成熟，各国的经济联动性日益密切。各国享受逐步融入价值链国际生产分工中带来便利，提高经济绩效。但在加强产业全球布局和国际交流合作的同时，也必须清醒地认识到外部经济环境的变化影响本国生产活动的顺利进行，谨慎防范生产联系过高带来的高风险，可持续的稳健宏观经济政策对中国经济正常运行的重要性。

自 2008 年国际金融危机以后，中国制造业在全球价值链中的角色正逐步由过去价值输入型向价值输出型转变，不断提升出口国内增加值和出口产品质量，在全球价值链分工特征明显的信息技术等产业领域，以及我国具有优势的服务贸易领域，稳步提升我国单位出口的增加值比重，逐步缩小与发达经济体的差距，中国产业在全球价值链的地位总体有所改善。2017 年 11 月在北京召开的中共十九大会议强调：进一步支持传统制造业产业优化升级，需要加快发展现代服务业，促进并加强水利、铁路、公路、电网信息等生产性服务业的支持与建设，瞄准国际标准提高水平。因此，促进我国产业迈向全球价值链中高端，要彻底从价值链中、低端向高端位置攀升，不仅要推动制造业转型升级，而且还需要以发展服务贸易为抓手，培育若干世界级先进制造业集群。实现制造业与服务业两大产业融合，通过"双管齐下"的方式提升中国在全球价值链中的分工地位。制造业发展是各国出口贸易和参与全球价值链分工的重要环节，更是中国的立国之本、兴国之器、强国之基。另外，现代服务业是中国经济发展新的突破方向。党的十九大以来，明确以建设现代化经济体系，把发展经济的着力点放在实体经济，并且加快建设制造强国，鼓励支持传统产业优化升级，发展现代服务业，促进我国产业迈向全球价值链中高端。因此，研究制造业和服务业产业对于明确中国在全球生产网络国际分工具有重大的战略和现实意义。

二、 提高司法执行效率， 优化市场营商环境

制度质量的高低是衡量一个国家或地区是否具有竞争力和创造力的重要考量指标。因此，为适应中国经济由高速发展向高质量发展阶段过渡，制度质量的改善，对于我国产业努力迈向全球价值链中高端，培育若干世界级先进制造业集群具有重要的现实意义。

中国特色社会主义市场经济地位在党的十四大被确立以来，中国在司法制度完善、契约执行效率和知识产权保护等制度质量体系方面，得到了明显的改善。但整体而言，依旧存在一系列不足和需要改进的地方。世界银行公布的营商报告显示，在2017年世界营商环境排名中中国仅仅排在世界的第七十八位。从排位来看，中国与那些处于价值链高端的国家，在排名上存在着明显的差距。所以，为适应对外开放新格局，且加快促进参与全球价值链并向高端攀升，中国势必要完善制度质量，提高司法执行效率，优化营商环境，增强市场活力，使制度因素能够充当国家或企业的竞争优势的来源。

中国实施改革开放政策四十多年来，开放对中国自身经济发展乃至世界整体经济的作用不言而喻。一言以蔽之，改革，就是将计划经济转变为社会主义市场经济；开放，则是积极主动地融入全球化，在扩大开放中实现发展。在未来很长一段时间内，我们还应坚持实施对外开放的基本国策毫不动摇。但是从长期发展来看，由于中国在2012年劳动力人口首次出现下降，人口红利正逐渐消失。因此，我们在坚持对外开放的同时，还应推进制度改革，提升企业营商环境，由过去的人口红利向制度红利转变。将制度质量作为国际分工贸易往来中比较优势的重要来源之一，通过具体的改革措施，提高政府的行政效率、完善法律法规等制度质量，清除那些阻碍生产要素供给和生产率提高的制度障碍，做到对内改革与对外开放，两者协同发展。从而提高生产要素供给和生产效率，提高出口产品的质量和技术水平，以此带动中国对外贸易平稳健康地增长。

附 录

附录一　2016 版 WIOD 数据库行业部门对应表

序号	行业名称	序号	行业名称	序号	行业名称	序号	行业名称
C1	农作物及畜牧生产、狩猎及相关产业	C2	林业及伐木业	C3	渔业及水产养殖业	C4	采矿挖掘业
C5	食品、饮料及烟草行业	C6	纺织、服装及皮革业	C7	木材加工业	C8	造纸业及其制造业
C9	印刷及出版业	C10	炼焦及石油业	C11	化工产品制造业	C12	医疗制造业
C13	橡胶及塑料制品业	C14	其他非金属矿物制品业	C15	基本金属制品业	C16	金属制品业（机械设备除外）
C17	计算机、电子及光学设备制造业	C18	电气设备制造业	C19	机械设备制造业	C20	小汽车、拖车、半挂车制造业
C21	其他运输设备制造业	C22	家具制品及其他制造业	C23	机械和设备的维修和安装	C24	电、煤气、蒸汽和空调供应
C25	水收集、处理和供应	C26	污水和垃圾收集、处理和处置、材料回收再利用活动和其他废物管理服务	C27	建筑业	C28	批发和零售贸易业和修理汽车和摩托车业
C29	批发贸易行业（除了机动车和摩托车）	C30	零售贸易行业（除了机动车和摩托车）	C31	陆路运输和管道运输	C32	水运行业

142

序号	行业名称	序号	行业名称	序号	行业名称	序号	行业名称
C33	航空运输业	C34	物流仓储业	C35	邮政快递业	C36	住宿和餐饮服务业
C37	出版业	C38	传媒业	C39	通信业	C40	计算机编程、咨询和相关活动和信息服务业
C41	金融服务业（保险业除外）	C42	保险业	C43	金融保险辅助行业	C44	房地产行业
C45	法律会计类咨询服务业	C46	建筑工程活动	C47	科学研究和发展	C48	广告和市场调研
C49	其他科学技术	C50	管理和支持服务活动	C51	公共管理和国防；强制性社会保障	C52	教育行业
C53	医疗和社会工作行业	C54	其他服务业	C55	自给自足的家庭生产服务活动	C56	不受管辖的组织和机构的服务活动科学研究和发展

附录二　基于 2013 版 WIOD 数据测算中国各行业全球价值链参与指数

本书同样利用了 2013 版 WIOD 数据库，测算了中国 35 个行业前（后）向全球价值链参与指数动态变化情况。在此我们也给出了该版本的行业部门对应的参与表。同时将制造业和服务业中全球价值链参与指数为 0 的行业删除。由于新旧版本 WIOD 数据存在一些区别，如新版本含有 56 个部门行业，而老版本仅有 35 个部门行业，不过总体差异不是很大。通过不同数据测算结果发现本书结论基本稳健可靠。

中国细分部门全球价值链参与指数变化情况　　　　单位：%

行业代码	全球价值链前向参与指数					全球价值链后向参与指数				
	1995 年	2000 年	2005 年	2010 年	2011 年	1995 年	2000 年	2005 年	2010 年	2011 年
C1	5.16	4.38	7.07	6.61	6.56	5.81	6.28	8.12	7.24	7.50
C2	16.23	17.52	22.58	17.16	17.07	9.33	8.96	14.07	13.63	14.87
C3	3.25	3.15	5.53	5.33	5.25	8.38	8.02	11.12	10.98	11.27
C4	16.93	17.17	22.37	18.55	19.07	17.84	18.23	19.41	14.40	14.68
C5	13.32	10.75	10.53	10.15	10.15	18.92	18.05	19.25	14.95	14.73
C6	13.09	9.42	17.37	13.96	13.62	16.14	13.55	17.64	15.71	16.86
C7	10.56	13.26	18.13	15.70	15.72	14.44	14.61	18.76	17.97	18.77
C8	12.44	15.33	22.70	19.07	18.91	20.68	30.24	36.11	38.49	43.55
C9	11.57	17.06	23.79	22.00	22.77	15.35	18.13	24.84	22.77	24.36
C10	18.74	20.83	27.77	25.29	25.56	18.06	19.04	25.72	22.51	23.38
C11	6.73	8.02	10.72	8.40	8.38	10.87	12.04	16.95	15.71	16.92
C12	15.84	18.24	24.94	19.56	19.63	15.52	16.62	25.39	25.26	27.32
C13	7.70	8.91	11.78	13.24	12.83	14.85	16.09	25.90	21.31	23.46
C14	20.97	22.24	33.14	29.33	28.08	22.25	26.30	38.94	30.83	30.37
C15	7.50	10.53	13.89	13.96	13.99	16.32	16.19	25.48	21.62	22.92
C16	9.89	12.62	19.16	25.19	23.63	15.47	13.52	16.33	14.15	14.77
C17	10.73	11.20	16.84	14.59	14.50	9.38	9.68	15.84	16.60	17.81
C18	0.57	0.52	0.61	0.37	0.36	12.51	14.44	19.85	17.24	18.33
C20	7.07	16.40	25.97	15.52	15.15	8.49	8.27	9.56	7.17	7.45
C21	7.07	10.52	11.48	10.74	10.49	8.49	8.27	9.56	7.17	7.45
C22	10.15	8.56	11.44	8.72	8.52	6.89	6.49	9.28	8.86	9.03
C23	11.39	11.16	16.82	13.44	13.12	8.72	8.51	12.29	10.88	11.85
C24	28.90	17.35	32.68	33.42	31.78	12.90	13.56	16.90	14.83	16.43
C25	32.41	26.24	43.59	36.12	35.38	12.44	12.98	22.26	21.05	23.12
C26	32.38	14.17	12.03	9.00	8.73	8.48	8.22	14.58	12.64	13.70
C27	12.95	9.90	11.32	9.63	9.39	9.49	12.49	14.78	10.17	10.20
C28	9.26	9.13	13.28	11.38	11.10	6.25	5.50	6.67	4.83	5.03
C29	3.50	2.35	3.72	3.67	3.60	3.39	3.61	5.23	3.42	3.54
C30	7.48	13.28	23.31	20.22	19.82	15.85	13.93	19.11	14.82	15.13
C31	0.29	0.11	0.25	0.24	0.22	9.51	7.79	9.91	8.34	8.69
C32	0.98	0.74	1.21	1.07	1.00	7.44	7.41	10.62	9.29	9.57
C33	0.50	0.62	1.69	1.84	1.72	14.86	15.67	19.78	16.87	17.72
C34	14.57	13.18	12.59	8.82	8.60	10.32	11.32	14.53	11.71	12.03

2013 版 WIOD 数据库行业部门对应表

序号	行业名称	序号	行业名称	序号	行业名称	序号	行业名称
C1	农林牧渔业	C2	采矿挖掘业	C3	食品、饮料制造及烟草业	C4	纺织及服装制造业
C5	皮革、毛皮、羽毛及鞋类制品业	C6	木材加工及木竹藤棕草制品业	C7	印刷业和记录媒介的复制业	C8	石油加工、炼焦及核燃料加工业
C9	化学原料及化学制品制造业	C10	橡胶及塑料制造业	C11	非金属矿物制品业	C12	金属制品业
C13	机械制造业	C14	电气及电子机械器材制造业	C15	交通运输设备制造业	C16	其他制造业及废弃资源和废旧材料加工业
C17	电力、煤气及水的生产和供应业	C18	建筑业	C19	汽车及摩托车的销售、维护和修理	C20	燃油零售批发（不含汽车及摩托车）
C21	零售（不含汽车及摩托车）	C22	住宿和餐饮业	C23	内陆运输业	C24	水路运输
C25	航空运输业及其他配套和辅助业务	C26	旅行社业务	C27	邮政与通信业	C28	金融业
C29	房地产业	C30	租赁和商务服务业	C31	公共管理和国防以及社会保障业	C32	教育行业
C33	卫生与社会工作	C34	其他社区、社会及个人服务业	C35	私人雇用家庭服务		

附录三　多边增加值框架下的 TFP 指数测算法

本书基于 Lai and Zhu（2007）以及程大中等（2015）采用的多边增加值框架下的 TFP 指数（Multi‑Lateral Value‑Added TFP）测算各国的全要素生

产率水平。具体处理过程如下：Z_{tci} 表示年份 t 时期国家 c 行业 i 的实际增加值。同理，L_{tci} 和 K_{tci} 分别表示劳动和资本投入量。N 为研究样本国家数目，而 α_{tci} 则代表劳动投入的成本份额。在此，我们同时分别定义 $\widehat{\ln Z_{ti}} = \dfrac{\sum_c \ln Z_{ict}}{N}$、

$\widehat{\ln L_{ti}} = \dfrac{\sum_c \ln L_{ict}}{N}$、$\widehat{\ln K_{ti}} = \dfrac{\sum_c \ln K_{ict}}{N}$ 和 $\widetilde{\alpha_{ti}} = (\dfrac{\sum_c \alpha_{ict}}{N} + \alpha_{ict})/2$。所以，$t$ 时期国家 c 行业 i 的多边增加值 TFP 指数的测算公式为：

$$\ln TFP_{tci} = (\ln Z_{tci} - \widehat{\ln Z_{ti}}) - \widetilde{\alpha_{ti}}(\ln L_{tci} - \widehat{\ln L_{ti}}) - (1 - \widetilde{\alpha_{ti}})(\ln K_{tci} - \widehat{\ln K_{ti}})$$

此时，测得的 TFP 指数是水平行业的，我们再根据各个行业增加值占整个国家增加值水平为权重测得加总国家水平的 TFP。而对于测算上述的数据基础为 WIOD 数据库提供的 2013 版 SEA（Social - Economic Accounts）账户数据，它公布了 1995—2009 年 40 个国家和地区的总产出，贸易增加值，劳动者数量，低中高技能劳动者的比例，低中高劳动者劳动时间占比以及固定资本量等信息。由于 SEA 数据中对包括雇用人数和劳动投入时间两种劳动投入数据，我们分别将其代入 TFP 计算公式，因此最终得到了两套 TFP 指数，正文中使用了基于雇用人数的数据测算出来的 TFP。在此，本书继续使用基于劳动投入时间测得的 TFP 再次进行渠道机制分析，具体结果如下，且回归结果不发生改变。

机制检验的估计结果

	前向参与程度对生产率的影响			后向参与程度对生产率的影响		
	(1)	(2)	(3)	(4)	(5)	(6)
GVC	2.074***			2.490***		
	(4.713)			(4.497)		
GVC# 契约制度	1.017***			1.029***		
	(3.279)			(3.609)		

续表

	前向参与程度对生产率的影响			后向参与程度对生产率的影响		
	（1）	（2）	（3）	（4）	（5）	（6）
GVC_S		3.226***			3.552***	
		(4.775)			(3.440)	
浅层 GVC#契约制度		1.594***			1.246**	
		(3.065)			(2.187)	
GVC_D			4.522***			3.251***
			(4.041)			(4.169)
深层 GVC#契约制度			2.369***			2.028***
			(3.274)			(4.029)
人力资本	0.154	0.149	0.132	0.186	0.004	0.205
	(0.652)	(0.631)	(0.551)	(0.769)	(0.018)	(0.839)
研发投入	0.028	0.022	0.039	0.019	0.014	0.032
	(0.503)	(0.401)	(0.698)	(0.338)	(0.244)	(0.571)
城市化	1.097***	1.151***	1.033***	1.196***	1.252***	1.151***
	(3.436)	(3.626)	(3.185)	(3.759)	(3.862)	(3.594)
服务水平	1.229***	1.181***	1.267***	1.132***	0.980***	1.368***
	(3.490)	(3.364)	(3.538)	(3.161)	(2.706)	(3.759)
基础设施	0.049**	0.043**	0.056***	0.046**	0.042**	0.049**
	(2.409)	(2.119)	(2.680)	(2.260)	(2.038)	(2.375)
金融发展	0.003	0.004	0.003	0.002	0.011	0.002
	(0.341)	(0.367)	(0.262)	(0.221)	(0.990)	(0.215)
常数项	0.0187	0.425	-0.431	0.835	1.214	-0.133
	(0.010)	(0.220)	(-0.216)	(0.428)	(0.609)	(-0.068)
国家固定	是	是	是	是	是	是
年份固定	是	是	是	是	是	是
样本量	316	316	316	316	316	316
调整 R^2	0.239	0.242	0.219	0.230	0.204	0.219

附录四　WIOD 行业分类和
中国国民经济 GB2 行业分类对照表

WIOD 和中国国民经济 GB2 行业分类对照码

WIOD	行业名称	GB2	行业名称
c3	食品、饮料和烟草制品业	13/14/15/16	农副食品加工业；食品制造业；饮料制造业；烟草制品业
c4	纺织原料及其制品业	17/18	纺织业；纺织服装、鞋、帽制造业
c5	皮革、毛皮及鞋类制造业	19	皮革、毛皮、羽毛及其制品业
c6	木材及其制品业	20	木材加工及木、竹、藤、棕、草制品业
c7	纸浆、纸制品和印刷出版业	22/23	造纸及纸制品业；印刷业和记录媒介的复制
c8	煤炭、炼油和核燃料加工业	25	石油加工、炼焦及核燃料加工业
c9	化学原料及其制品业	26/27/28	化学原料及化学制品制造业；医药制造业；化学纤维制造业
c10	橡胶和塑料制品业	29/30/	橡胶制品业；塑料制品业
c11	非金属矿物制品业	31	非金属矿物制品业
c12	基础金属和合金制品业	32/33/34	黑色金属冶炼及压延加工业；有色金属冶炼及压延加工业；金属制品业
c13	机械制造业	35/36	通用设备制造业；专用设备制造业
c14	电子和光学仪器制造业	39/40/41	电气机械及器材制造业；通信设备、计算机及其他电子设备制造业；仪器仪表及文化、办公用机械制造业
c15	运输设备制造业	37	交通运输设备制造业
c16	其他制造业及回收加工业	21/24/42/43	家具制造业；文教体育用品制造业；工艺品及其他制造业；废弃资源和废旧材料回收加工业

附录五　2007 年中国细分行业上游度指数

本书根据 Antràs et al.（2012）构建上游度的方法，并基于中国投入产出数据，最终测得了 2007 年中国 135 个部门的上游度指数，具体结果如下。

2007 年中国细分行业上游度指数

行业部门名称	指数	行业部门名称	指数	行业部门名称	指数
有色金属矿采选业	6.2289	石油天然气开采业	5.7744	煤炭开采业	5.6724
基础化学原料制造业	5.6207	化学纤维制造业	5.5087	炼焦业	5.3286
管道运输业	5.2884	废品肥料	5.2840	黑色金属矿采选业	5.2378
电力、热力的生产和供应	5.2020	有色金属及合金制造	5.1393	专用化学产品制造	5.1024
炼铁业	5.0417	铁合金炼业	4.9409	棉、化纤纺织及印染精加工	4.9148
针织品、编织品及其制造	4.8813	炼钢业	4.8364	石油及核燃料加工业	4.7975
合成材料制造业	4.7097	林业	4.6670	涂料、油墨、颜料及类似产品制造	4.6388
麻纺品、丝绢纺织及精加工	4.6301	造纸及纸制品	4.5626	毛织品和染整精加工业	4.8224
农药制造	4.4447	有色金属压延加工	4.4307	非金属矿及其他采矿业	4.3158
纺织制造	4.3149	废料制造业	4.2925	塑料制造	4.2869
橡胶制造	4.2226	石墨及其非金属矿物制造	4.2052	水上运输	4.1602

续表

行业部门名称	指数	行业部门名称	指数	行业部门名称	指数
电子元器件制造	4.0852	农林牧渔业	3.9424	铁路运输	3.9120
金属制品	3.9005	钢铁及其延加工	3.8668	木材加工及木竹藤等制品	3.8299
耐火材料制造	3.7997	其他服务业	3.7837	仪器仪表制造	3.7369
阀门、压缩机及类似机械的制造	3.7352	其他电气机械及器材制造	3.7212	印刷业和记录媒介的复制业	3.7061
租赁业	3.6805	水的生产和供应业	3.6213	道路运输业	3.6049
燃气生产和供应	3.5923	玻璃及玻璃制造	3.5823	商务服务	3.5583
银行业及其他金融活动	3.5544	电线、光缆及电工器材制造	3.5235	住宿	3.4887
科技交流和推广服务	3.4871	专业技术服务	3.4681	饲料加工	3.3813
电机制造	3.3654	娱乐业	3.3307	计算机服务	3.3304
仓储业	3.3026	矿山等建筑专用	3.2980	航空运输	3.2846
邮政业	3.2693	文化、办公用机械制造	3.2642	输配电及控制设备制造	3.2226
农业	3.1969	锅炉及原动机制造	3.1060	水利管理	3.0843
保险业	3.0806	研究与试验发展	3.0746	软饮料及精制茶加工	3.0020
装卸搬运和其他运输业	2.9589	电子计算机制造	2.9405	陶瓷制品制造	2.8883
制糖业	2.8752	汽车制造业	2.8388	环境管理	2.8244
日用化学制造	2.8098	植物油加工	2.8072	批发零售业	2.7913
水泥石灰和石膏制造	2.7752	皮革及其制造业	2.7463	电信和其他信息	2.6818
船舶及浮动装置制造	2.5805	文教体育制造	2.5788	谷物磨制造	2.5609

行业部门名称	指数	行业部门名称	指数	行业部门名称	指数
酒精及酒的制造	2.5595	渔业	2.5417	工艺品及其制造	2.5384
水产品加工业	2.4981	铁路运输设备制造	2.4926	砖瓦、石材及其他建筑材料制造	2.4882
烟草制品	2.4700	其他电子设备制造	2.4697	化工木材非金属加工专用设备制造	2.4308
医药制造	2.4169	畜牧业	2.4032	其他交通运输设备	2.3774
广播电视电影等音像业	2.3486	餐饮业	2.3247	金属加工机械制造	2.2965
雷达及广播设备制造	2.2947	地质勘测	2.2811	水泥及石膏制造	2.2370
纺织服装鞋帽制造	2.2057	屠宰及肉类加工	2.1448	家用电力和非电力器具资助	2.0909
新闻出版业	2.0665	家具制造业	2.0475	家具试听设备制造	2.0319
通信设备制造	2.0052	起重运输设备制造	2.0003	农林牧渔专用机械制造	1.9994
其他食品加工	1.9958	社会保障	1.9837	城市公共交通	1.8963
调味品发酵制品制造	1.8662	其他专用设备制造	1.8105	旅游业	1.7246
房地产业	1.7061	文化艺术业	1.6658	液体乳制品制造	1.5934
其他食品制造	1.5233	居民服务	1.3634	卫生服务	1.2865
软件业	1.2843	快捷食品制造	1.2565	教育业	1.2138
公共设施管理	1.0716	体育	1.0604	建筑业	1.0578
公共管理和社会组织	1.0263	社会福利	1.0000		

附录六　第六章部分回归结果

基于异常值处理情形下的稳健性回归（左右5%缩尾和结尾处理）

因变量	因变量双边缩尾5%处理			因变量双边截尾5%处理		
	位置指数	出口质量	出口复杂度	位置指数	出口质量	出口复杂度
	(1)	(2)	(3)	(4)	(5)	(6)
GVC	0.0602***	0.0482*	0.0987***	0.0404***	0.0016	0.0562***
	(6.917)	(1.852)	(2.706)	(8.395)	(1.112)	(2.737)
GVC# inst	0.0072***	0.0023	0.0327***	0.0117***	0.0208**	0.0504***
	(3.104)	(1.328)	(3.383)	(3.719)	(2.196)	(3.717)
age	0.0191***	−0.0017	0.0241***	0.0184***	−0.0035*	0.0245***
	(31.395)	(−0.955)	(9.113)	(8.520)	(−1.815)	(8.659)
size	0.0251*	−0.0548	0.0171	0.0243	−0.0797	0.0213
	(1.876)	(−1.370)	(0.268)	(1.492)	(−1.626)	(0.364)
klratio	−0.0321	0.0799	−0.0139	−0.0375	0.0788	−0.0060
	(−0.997)	(0.829)	(−0.050)	(−1.154)	(0.808)	(−0.020)
fin	−0.0007	0.2060	0.0034	−0.0009	0.7840	0.0117
	(−1.375)	(0.013)	(0.553)	(−1.611)	(0.045)	(0.728)
exp	0.0172***	−0.0731***	−0.0295	0.0193***	−0.0753***	−0.0313
	(4.232)	(−6.011)	(−1.581)	(4.605)	(−5.972)	(−1.597)
hhi	−0.1260***	0.0017	0.0505***	−0.1300***	0.0002	0.0491***
	(−46.667)	(0.207)	(4.386)	(−46.816)	(0.029)	(4.076)
常数项	−4.131***	0.501***	−0.491***	−4.166***	0.481***	−0.520***
	(−9.665)	(8.911)	(−6.196)	(−5.521)	(8.278)	(−6.296)
企业固定	是	是	是	是	是	是
年份固定	是	是	是	是	是	是
样本量	92988	92964	92252	88340	88317	88589

参考文献

［1］陈雯，李强．全球价值链分工下我国出口规模的透视分析——基于增加值贸易核算方法［J］．财贸经济，2014（7）．

［2］程大中．论服务业在国民经济中的"黏合剂"作用［J］．财贸经济，2004（2）．

［3］程大中，李韬，姜彬．要素价格差异与要素跨国流向：对 HOV 模型的检验［J］．世界经济，2015（3）．

［4］程大中．中国参与全球价值链分工的程度及演变趋势——基于跨国投入—产出分析［J］．经济研究，2015（9）．

［5］戴觅，余淼杰，Madhura Maitra．中国出口企业生产率之谜：加工贸易的作用［J］．经济研（季刊），2014（2）．

［6］戴翔，金碚．产品内分工，制度质量与出口技术复杂度［J］．经济研究，2014（9）．

［7］邓宏图，宋高燕．学历分布，制度质量与地区经济增长路径的分岔［J］．经济研究，2016（9）．

［8］杜修立，王维国．中国出口贸易的技术结构及其变迁：1980—2003［J］．经济研究，2007（7）．

［9］樊纲，王小鲁，马光荣．中国市场化进程对经济增长的贡献［J］．经济研究，2011（9）．

［10］樊海潮，郭光远．出口价格，出口质量与生产率间的关系：中国的

证据 [J]. 世界经济, 2015 (2).

[11] 樊茂清, 黄薇. 基于全球价值链分解的中国贸易产业结构演进研究 [J]. 世界经济, 2014 (2).

[12] 方军雄. 所有制, 市场化进程与资本配置效率 [J]. 管理世界, 2007 (2).

[13] 高敏雪, 葛金梅. 出口贸易增加值测算的微观基础 [J]. 统计研究, 2013 (10).

[14] 胡昭玲, 宋佳. 基于出口价格的中国国际分工地位研究 [J]. 国际贸易问题, 2013 (3).

[15] 蒋冠宏, 蒋殿春. 中国对发展中国家的投资——东道国制度重要吗? [J]. 管理世界, 2012 (11).

[16] 蒋冠宏, 蒋殿春, 王晓娆. 契约执行效率与省区产业增长: 来自中国的证据 [J]. 世界经济, 2013 (9).

[17] 金碚. 全球竞争新格局与中国产业发展趋势 [J]. 中国工业经济, 2012 (5).

[18] 金祥荣, 茹玉骢, 吴宏. 制度, 企业生产效率与中国地区间出口差异 [J]. 管理世界, 2008 (11).

[19] 鞠建东, 余心玎. 全球价值链上的中国角色——基于中国行业上游度和海关数据的研究 [J]. 南开经济研究, 2014 (3).

[20] 李俊青, 刘帅光, 刘鹏飞. 金融契约执行效率, 企业进入与产品市场竞争 [J]. 经济研究, 2017 (3).

[21] 李坤望, 王永进. 契约执行效率与地区出口绩效差异——基于行业特征的经验分析 [J]. 经济学 (季刊), 2010 (2).

[22] 李小平, 周记顺, 卢现祥, 等. 出口的"质"影响了出口的"量"吗? [J]. 经济研究, 2015 (8).

[23] 李小平, 周记顺, 王树柏. 中国制造业出口复杂度的提升和制造业

增长［J］. 世界经济, 2015（2）.

［24］林桂军, 何武. 中国装备制造业在全球价值链的地位及升级趋势［J］. 国际贸易问题, 2015（4）.

［25］刘斌. 贸易自由化, 契约环境与全要素生产率［D］. 天津：南开大学博士论文, 2013.

［26］刘斌, 魏倩, 吕越, 等. 制造业服务化与价值链升级［J］. 经济研究, 2016（3）.

［27］刘维刚, 倪红福, 夏杰长. 生产分割对企业生产率的影响［J］. 世界经济, 2017（8）.

［28］刘文革, 周方召, 肖园园. 不完全契约与国际贸易：一个评述［J］. 经济研究, 2016（11）.

［29］刘志彪, 刘晓昶. 垂直专业化：经济全球化中的贸易和生产模式［J］. 经济理论与经济管理, 2001（10）.

［30］刘志彪. 国际外包视角下我国产业升级问题的思考［J］. 中国经济问题, 2009（1）.

［31］卢锋. 产品内分工［J］. 经济学（季刊）, 2004（1）.

［32］罗长远, 张军. 附加值贸易：基于中国的实证分析［J］. 经济研究, 2014（6）.

［33］吕朝凤, 朱丹丹. 中国垂直一体化生产模式的决定因素——基于金融发展和不完全契约视角的实证分析［J］. 中国工业经济, 2016（3）.

［34］吕越, 罗伟, 刘斌. 异质性企业与全球价值链嵌入：基于效率和融资的视角［J］. 世界经济, 2015（8）.

［35］吕越, 罗伟, 刘斌. 融资约束与制造业的全球价值链跃升［J］. 金融研究, 2016（6）.

［36］吕越, 黄艳希, 陈勇兵. 全球价值链嵌入的生产率效应：影响与机制分析［J］. 世界经济, 2017（7）.

［37］马光荣，李力行．金融契约效率，企业退出与资源误置［J］．世界经济，2014（10）.

［38］马述忠，吴国杰．中间品进口，贸易类型与企业出口产品质量——基于中国企业微观数据的研究［J］．数量经济技术经济研究，2016（3）.

［39］马述忠，张洪胜，王笑笑．融资约束与全球价值链地位提升——来自中国加工贸易企业的理论与证据［J］．中国社会科学，2017（1）.

［40］倪红福，龚六堂，夏杰长．生产分割的演进路径及其影响因素——基于生产阶段数的考察［J］．管理世界，2016（4）.

［41］倪红福．中国出口技术含量动态变迁及国际比较［J］．经济研究，2017（1）.

［42］倪鹏飞，颜银根，张安全．城市化滞后之谜：基于国际贸易的解释［J］．中国社会科学，2014（7）.

［43］聂辉华．契约不完全一定导致投资无效率吗？［J］．经济研究，2008（2）.

［44］聂辉华，邹肇芸．中国应从"人口红利"转向"制度红利"［J］．国际经济评论，2013（6）.

［45］潘文卿，娄莹，李宏彬．价值链贸易与经济周期的联动：国际规律及中国经验［J］．经济研究，2015（11）.

［46］彭支伟，张伯伟．中间品贸易，价值链嵌入与国际分工收益：基于中国的分析［J］．世界经济，2017（10）.

［47］平新乔，郝朝艳．中国出口贸易中的垂直专门化与中美贸易［J］．世界经济，2006（5）.

［48］钱学锋，陈勇兵．国际分散化生产导致了集聚吗？［J］．世界经济，2009（12）.

［49］钱学锋，毛海涛，徐小聪．中国贸易利益评估的新框架——基于双重偏向型政策引致的资源误置视角［J］．中国社会科学，2016（12）.

［50］邱斌，叶龙凤，孙少勤．参与全球生产网络对我国制造业价值链提升影响的实证研究——基于出口复杂度的分析［J］．中国工业经济，2012（1）．

［51］茹玉骢，金祥荣，张利风．合约实施效率，外资产业特征及其区位选择［J］．管理世界，2010（8）．

［52］茹玉骢．合约实施效率与中国地区产业比较优势研究［D］．杭州：浙江大学，2009．

［53］单豪杰．中国资本存量 K 的再估算：1952—2006 年［J］．数量经济技术经济研究，2008（10）．

［54］盛丹，王永进．契约执行效率能够影响 FDI 的区位分布吗？［J］．经济学（季刊），2010（4）．

［55］施炳展．中国出口产品的国际分工地位研究——基于产品内分工的视角［J］．世界经济研究，2010（1）．

［56］施炳展，王有鑫，李坤望．中国出口产品品质测度及其决定因素［J］．世界经济，2013（9）．

［57］苏庆义，高凌云．全球价值链分工位置及其演进规律［J］．统计研究，2015（12）．

［58］孙楚仁，田国强，章韬．最低工资标准与中国企业的出口行为［J］．经济研究，2013（2）．

［59］孙灵燕，李荣林．融资约束限制中国企业出口参与吗？［J］．经济学（季刊），2012（1）．

［60］唐东波．贸易政策与产业发展：基于全球价值链视角的分析［J］．管理世界，2012（12）．

［61］唐东波．贸易开放，垂直专业化分工与产业升级［J］．世界经济，2013（4）．

［62］唐东波．垂直专业分工与劳动生产率：一个全球化视角的研究［J］．

世界经济, 2014 (11).

[63] 唐海燕, 张会清. 产品内国际分工与发展中国家的价值链提升 [J]. 经济研究, 2009 (9).

[64] 田毕飞, 陈紫若. 创业与全球价值链分工地位: 效应与机理 [J]. 中国工业经济, 2017 (6).

[65] 田巍, 余淼杰. 企业生产率和企业"走出去"对外直接投资: 基于企业层面数据的实证研究 [J]. 经济学 (季刊), 2012 (1).

[66] 邢予青, Neal Detert. 国际分工与美中贸易逆差: 以 iPhone 为例 [J]. 金融研究, 2011 (3).

[67] 王岚. 融入全球价值链对中国制造业国际分工地位的影响 [J]. 统计研究, 2014 (6).

[68] 王孝松, 吕越, 赵明春. 贸易壁垒与全球价值链嵌入——以中国遭遇反倾销为例 [J]. 中国社会科学, 2017 (1).

[69] 王永进, 李坤望, 盛丹. 契约制度与产业集聚: 基于中国的理论及经验研究 [J]. 世界经济, 2010 (1).

[70] 王永进, 盛丹. 政治关联与企业的契约实施环境 [J]. 经济学 (季刊), 2012 (3).

[71] 王永进, 刘灿雷. 国有企业上游垄断阻碍了中国的经济增长? ——基于制造业数据的微观考察 [J]. 管理世界, 2016 (6).

[72] 王直, 魏尚进, 祝坤福. 总贸易核算法: 官方贸易统计与全球价值链的度量 [J]. 中国社会科学, 2015 (9).

[73] 魏浩, 林薛栋. 进出口产品质量测度方法的比较与中国事实——基于微观产品和企业数据的实证分析 [J]. 财经研究, 2017 (5).

[74] 文东伟, 冼国明. 中国制造业的垂直专业化与出口增长 [J]. 经济学 (季刊), 2010 (9).

[75] 文东伟. 增加值贸易与中国比较优势的动态演变 [J]. 数量经济技

术经济研究，2017（1）.

[76] 吴福象，刘志彪. 中国贸易量增长之谜的微观经济分析：1978—2007 [J]. 中国社会科学，2009（1）.

[77] 吴敬琏. 中国流通业缺陷与出路 [J]. 商业时代，2003，236.

[78] 徐康宁，王剑. 要素禀赋，地理因素与新国际分工 [J]. 中国社会科学，2006（6）.

[79] 徐毅，张二震. 外包与生产率：基于工业行业数据的经验研究 [J]. 经济研究，2008（1）.

[80] 杨畅，刘斌，闫文凯. 契约环境影响企业的投资行为吗——来自中国上市公司的经验证据 [J]. 金融研究，2014（11）.

[81] 杨红丽，陈钊. 外商直接投资水平溢出的间接机制：基于上游供应商的研究 [J]. 世界经济，2015（3）.

[82] 姚耀军. 制度质量对外资银行进入的影响——基于腐败控制维度的研究 [J]. 金融研究，2016（3）.

[83] 姚战琪. 工业和服务外包对中国工业生产率的影响 [J]. 经济研究，2010（7）.

[84] 殷德生，唐海燕，黄腾飞. 国际贸易，企业异质性与产品质量升级 [J]. 经济研究，2011（1）.

[85] 余淼杰，崔晓敏，张睿. 司法质量，不完全契约与贸易产品质量 [J]. 金融研究，2016（12）.

[86] 余淼杰，张睿. 人民币升值对出口质量的提升效应：来自中国的微观证据 [J]. 管理世界，2017（5）.

[87] 余淼杰，张睿. 中国制造业出口质量的准确衡量：挑战与解决方法 [J]. 经济研（季刊），2017（2）.

[88] 张二震. 中国如何攀升全球价值链——兼评中国攀升全球价值链：实现机制与战略调整 [J]. 江海学刊，2017（1）.

［89］张杰，李勇，刘志彪．制度对中国地区间出口差异的影响：来自中国省际层面 4 分位行业的经验证据［J］．世界经济，2010（2）．

［90］张杰，陈志远，刘元春．中国出口国内附加值的测算与变化机制［J］．经济研究，2013（10）．

［91］张杰，郑文平，翟福昕．中国出口产品质量得到提升了么？［J］．经济研究，2014（10）．

［92］张杰，郑文平．全球价值链下中国本土企业的创新效应［J］．经济研究，2017（3）．

［93］张维迎．所有制，治理结构及委托—代理关系———兼评崔之元和周其仁的一些观点［J］．经济研究，1996（9）．

［94］张文城，盛斌．中国出口的环境成本：基于增加值出口污染强度的分析［J］．数量经济技术经济研究，2017（8）．

［95］张小蒂，孙景蔚．基于垂直专业化分工的中国产业国际竞争力分析［J］．世界经济，2006（5）．

［96］郑丹青，于津平．中国出口贸易增加值的微观核算及影响因素研究［J］．国际贸易问题，2014（8）．

［97］郑乐凯，王思语．中国产业国际竞争力的动态变化分析［J］．数量经济技术经济研究，2017（12）．

［98］祝树金，戢璇，傅晓岚．出口品技术水平的决定性因素：来自跨国面板数据的证据［J］．世界经济，2010（4）．

［99］朱希伟，金祥荣，罗德明．国内市场分割与中国的出口贸易扩张［J］．经济研究，2005（5）．

［100］Acemoglu D，Johnson S，Robinson J A，The colonial origins of comparative development：An empirical investigation［J］．American Economic Review，2001，91（5）：1369-1401．

［101］Acemoglu D，Antràs P，Helpman E．Contracts and technology adoption

[J]. American Economic Review, 2007, 97: 916 –943.

[102] Aeberhardt R, Buono, I, Fadinger H. Learning, incomplete contracts and export dynamics: theory and evidence from French firms [J]. European Economic Review, 2014, 68: 219 –249.

[103] Albeaik S, Kaltenberg M, Alsaleh M, et al. Measuring the Knowledge Intensity of Economies with an Improved Measure of Economic Complexity [Z]. 2017.

[104] Amiti M, Wei S J. Service offshoring and productivity: Evidence from the US [J]. The World Economy, 2009, 32 (2): 203 –220.

[105] Anderson J E, Marcouiller D. Insecurity and the pattern of trade: an empirical investigation [J]. The Review of Economics and Statistics, 2002, 84 (2): 342 –352.

[106] Antràs P, Gortari A. On the geography of global value chains [R]. National Bureau of Economic Research, CEPR Discussion Paper No. DP12063, 2017.

[107] Antràs P, Chor D. Organizing the global value chain [J]. Econometrica, 2013, 81 (6): 2127 –2204.

[108] Antràs P, Chor D, Fally T. Measuring the upstreamness of production and trade flows [J]. American Economic Review, 2012, 2 (3): 412 –416.

[109] Antràs P. Firms, contracts, and trade structure [J]. The Quarterly Journal of Economics, 2003, 118 (4): 1375 –1418.

[110] Antràs P, Helpman, E. Global sourcing [J]. Journal of Political Economy, 2004, 112 (3): 552 –580.

[111] Araujo L, Mion G, Ornelas E. Institutions and export dynamics [J]. Journal of International Economics, 2016, 98: 2 –20.

[112] Athukorala P. Product fragmentation and trade patterns in East Asia

[J]. Asian Economic Papers, 2005, 4 (3): 1 –27.

[113] Balassa A. Trade Liberalization among Industrial Countries: Objectives and Alternatives [M]. New York: McGraw – Hill, 1967.

[114] Baldwin R. Globalisation: the great unbundling (s) [J]. Economic Council of Finland, 2006, 20 (3): 5 –47.

[115] Baldwin R, Venables A. Spiders and snakes: offshoring and agglomeration in the global economy [J]. Journal of International Economics, 2013, 90 (2): 245 –254.

[116] Baldwin R, Lopez – Gonzalez J. Supply – chain Trade: A Portrait of Global Patterns and Several Testable Hypotheses [J]. The World Economy, 2015, 38 (11): 1682 –1721.

[117] Bas M, Strauss – Kahn V. Input – trade liberalization, export prices and quality upgrading [J]. Journal of International Economics, 2015, 95 (2): 250 – 262.

[118] Berkowitz D, Moenius J, Pistor K. Trade, law, and product complexity [J]. Review of Economics and Statistics, 2006, 88 (2): 363 –373.

[119] Bernard A B, Jensen J B, Redding S J. Intra – firm trade and product contractibility [Z]. National Bureau of Economic Research, 2010.

[120] Chen X, Cheng L K, Fung K C. Domestic Value added and Employment Generated by Chinese Exports: A Quantitative Estimation [J]. China Economic Review, 2012, 23 (4): 850 –864.

[121] Coase, R. H. , 1937, "The nature of the firm", Economica, 4 (16): 386 –405.

[122] Costinot A. On the origins of comparative advantage [J]. Journal of International Economics, 2009, 7 (2): 255 –264.

[123] Daudin G, Rifflart C, Schweisguth D. Who produces for whom in the

world economy? [J]. Canadian Journal of Economics, 2011, 44 (4): 1403 - 1437.

[124] Dean J M, Fung K C, Wang Z. Measuring vertical specialization: the case of China [J]. Review of International Economics, 2011, 19 (4): 609 - 625.

[125] Desbordes R, Wei S J. The effects of financial development on foreign direct investment [J]. Journal of Development Economics, 2017, 127: 153 - 168.

[126] Dimaranan B V. Global Trade, Assistance and Production: The GTAP5 Database [Z]. Center for global trade analysis, 2002.

[127] Dougherty D, Hardy C. Sustained product innovation in large, mature organizations: Overcoming innovation - to - organization problems [J]. Academy of Management Journal, 1996, 39 (5): 1120 - 1153.

[128] Francois J, Hoekman B. Services Trade and Policy [J]. Journal of Economic Literature, 2009, 48 (3): 642 - 692.

[129] Feenstra R C. Integration of trade and disintegration of production in the global economy [J]. Journal of Economic Perspectives, 1998, 12 (4): 31 - 50.

[130] Gereffi G, Humphrey J, Sturgeon T. The governance of global value chains [J]. Review of International Political Economy, 2005, 12 (1): 78 - 104.

[131] Gereffi G. International trade and industrial upgrading in the apparel commodity chain [J]. Journal of International Economics, 1999, 48 (1): 37 - 70.

[132] Gereffi G, Humphrey J, Kaplinsky R. Introduction: Globalisation, Value Chains and Development [Z]. IDS bulletin, 2001, 32 (3): 1 - 8.

[133] Gereffi G, Lee J. Why the world suddenly cares about global Supply Chains [J]. Journal of Supply Chain Management, 2012, 48 (3): 24 - 32.

[134] Gorg H, Ruane F. Multinational companies and linkages: Panel - data

evidence for the Irish electronics sector [J]. International Journal of the Economics of Business, 2001, 8 (1): 1 – 18.

[135] Grossman G M, Helpman, E. Integration versus outsourcing in industry equilibrium [J]. Quarterly Journal of Economics, 2002, 117 (1): 85 – 120.

[136] Grossman G M, Helpman E. Outsourcing versus FDI in industry equilibrium [J]. Journal of the European Economic Association, 2003, 1 (2 – 3): 317 – 327.

[137] Grossman G M, Helpman E. Managerial incentives and the international organization of production [J]. Journal of International Economics, 2004, 63 (2): 237 – 262.

[138] Grossman G M, Helpman E. Outsourcing in a global economy [J]. The Review of Economic Studies, 2005, 72 (1): 135 – 159.

[139] Grossman S J. The informational role of warranties and private disclosure about product quality [J]. The Journal of Law and Economics, 1981, 24 (3): 461 – 483.

[140] Grossman S J, Hart O D. The costs and benefits of ownership: A theory of vertical and lateral integration [J]. Journal of Political Economy, 1986, 94 (4): 691 – 719.

[141] Hanson G H, Mataloni R J, Slaughter M J. Vertical production networks in multinational firms [J]. The Review of Economics and Statistics, 2005, 87 (4): 664 – 678.

[142] Hart O, Moore J. Property Rights and the Nature of the Firm [J]. Journal of Political Economy, 1990, 98 (6): 1119 – 1158.

[143] Hausmann R, Pritchett L, Rodrik D. Growth accelerations [J]. Journal of Economic Growth, 2005, 10 (4): 303 – 329.

[144] Henn C, Papageorgiou C, Romero J M, et al. Export quality in

advanced and developing economies: Evidence from a new data set [R]. World Trade Organization (WTO), Economic Research and Statistics Division, WTO Staff Working Papers, 2017.

[145] Hummels D, Rapoport D, Yi K. Vertical Specialization and the Changing Nature of World Trade [J]. Economic Policy Review, 1998.

[146] Hummels D, Ishii J, Yi K M. The Nature and Growth of Vertical Specialization in World Trade [J]. Journal of International Economics, 2001, 54 (1): 75 -96.

[147] Hummels D L, Schaur G. Time as a trade barrier [J]. American Economic Review, 2013, 103 (7): 2935 -2959.

[148] Humphrey J, Schmitz H. How does insertion in global value chains affect upgrading in industrial clusters? [J]. Regional studies, 2002, 36 (9): 1017 -1027.

[149] Johnson R C, Noguera G. Accounting for intermediates: Production sharing and trade in value added [J]. Journal of international Economics, 2012, 86 (2): 224 -236.

[150] Johnson R C. Measuring Global Value Chains [J]. National Bureau of Economic Research, 2017.

[151] Johnson R C, Noguera G. A Portrait of Trade in Value - Added over Four Decades [J]. Review of Economics and Statistics, 2017, 99 (5): 896 - 911.

[152] Ju J, Yu X. Productivity, profitability, production and export structures along the value chain in China [J]. Journal of Comparative Economics, 2015, 43 (1): 33 -54.

[153] Kaplinsky R, Morris M, Readman J. The globalization of product markets and immiserizing growth: lessons from the South African furniture industry

［J］. World Development, 2002, 30 (7): 1159 –1177.

［154］ Kee H L, Tang H. Domestic value added in exports: Theory and firm evidence from China ［J］. American Economic Review, 2016, 106 (6): 1402 – 1436.

［155］ Khandelwal A K, Schott P K, Wei S J. Trade liberalization and embedded institutional reform: evidence from Chinese exporters ［J］. American Economic Review, 2013, 103 (6): 2169 –2195.

［156］ Klein B. Transaction cost determinants of "unfair" contractual arrangements ［J］. American Economic Review, 1980, 70 (2): 356 –362.

［157］ Koopman R, Wang Z, Wei S J. Tracing Value – added and Double Counting in Gross Exports ［J］. American Economic Review, 2014, 104 (2): 459 –494.

［158］ Kummritz V, Taglioni D, Winkler D. Economic Upgrading through Global Value Chain Participation: Which Policies Increase the Value Added Gains? ［Z］. Policy Research Working Paper No. 8007, 2016.

［159］ Lall S, Weiss J, Zhang J. The "sophistication" of exports: a new trade measure" ［J］. World Development, 2006, 34 (2): 222 –237.

［160］ Levchenko A. Institutional quality and international trade ［J］. The Review of Economic Studies, 2007, 74 (3): 791 –819.

［161］ Lai H, Zhu, S C. Technology, endowments, and the factor content of bilateral trade ［J］. Journal of International Economics, 2007, 71 (2), 389 –409.

［162］ Lu J, Lu Y, Sun Y. Intermediaries, Firm Heterogeneity and Exporting Behaviour ［J］. The World Economy, 2017, 40 (7): 1381 –1404.

［163］ Ma Y, Qu B, Zhang Y. Judicial quality, contract intensity and trade: Firm – level evidence from developing and transition countries ［J］. Journal of Comparative Economics, 2010, 38 (2): 146 –159.

[164] Melitz M J. The impact of trade on intra – industry reallocations and aggregate industry productivity [J]. Econometrica, 2003, 71 (6): 1695 – 1725.

[165] Memedovic O, Gereffi G. The Global Apparel Value Chain: What Prospects for Upgrading by Developing Countries [J]. Sectoral Studies Series/UNIDO, 2004.

[166] Miller R E, Blair P D. Input – Output Analysis: Foundations and Extensions [M]. Cambridge: Cambridge University Press, 2009.

[167] Nagengast A J, Stehrer R. Accounting for the differences between gross and value added trade balances [J]. The World Economy, 2016, 39 (9): 1276 – 1306.

[168] Nickerson M, Konings J. Trade liberalization, intermediate inputs, and productivity: Evidence from Indonesia [J]. American Economic Review, 2007, 97 (5): 1611 – 1638.

[169] North D C. A transaction cost theory of politics [J]. Journal of Theoretical Politics, 1990, 2 (4): 355 – 367.

[170] Nunn N. Relationship – specificity, incomplete contracts, and the pattern of trade [J]. Quarterly Journal of Economics, 2007, 122 (2): 569 – 600.

[171] Nunn N, Trefler D. Incomplete contracts and the boundaries of the multinational firm [J]. Journal of Economic Behavior & Organization, 2013, 94: 330 – 344.

[172] Porter M E. Technology and competitive advantage [J]. Journal of Business Strategy, 1985, 5 (3): 60 – 78.

[173] Rajan R G, Zingales L. Financial Dependence and Growth [J]. American Economic Review, 1998, 88 (3): 559 – 586.

[174] Rauch J E. Networks versus markets in international trade [J]. Journal of International Economics, 1999, 48 (1): 7 – 35.

［175］Rodrik D. Trade policy reform as institutional reform ［Z］. Inter –
American Development Bank, 2000.

［176］Rodrik D. Institutions and economic performance – getting institutions
right ［R］. CESIfo DICE Report, 2004, 2 （2）: 10 – 15.

［177］Timmer M P, Erumban A A, Los B. Slicing up global value chains
［J］. The Journal of Economic Perspectives, 2014, 28 （2）: 99 – 118.

［178］ UNCTAD. World investment report 2013 global value chains:
investment and trade for development ［J］. Laboratory Animal Science, 2013, 35
（3）: 272 – 279.

［179］Upward R, Wang Z, Zheng J. Weighing China's export basket: The
domestic content and technology intensity of Chinese exports ［J］. Journal of
Comparative Economics, 2013, 41 （2）: 527 – 543.

［180］Wang Z, Wei S J, Zhu K. Quantifying international production sharing
at the bilateral and sector levels ［Z］. National Bureau of Economic Research
Working Paper, 2013.

［181］Wang Z, Wei S J, Yu X. Measures of Participation in Global Value
Chains and Global Business Cycles ［Z］. National Bureau of Economic Research
Working Paper, 2017.

［182］ Williamson O E. Transaction – cost economics: the governance of
contractual relations ［J］. The Journal of Law and Economics, 1979, 22 （2）:
233 – 261.

［183］Yi K M. Can vertical specialization explain the growth of world – trade?
［J］. Journal of Political Economy, 111 （1）: 52 – 102.